Entdecke
die Fabelwesen
Isabell Büchter

Für meine Tochter Käthe

2. Auflage 2022

ISBN: 978-3-86659-410-4

An der Kleimannbrücke 39/41
48157 Münster
Tel.: 0251-13339-0
Fax: 0251-13339-33
E-Mail: verlag@ms-verlag.de

Home: www.ms-verlag.de
Geschäftsführung: Matthias Schmidt
Layout: Isabell Büchter
Illustrationen: Junho Cho
Lektorat: Kriton Kunz
Druck: Drusala, Frýdek-Místek

Titelbild: Jun Ho Cho
Rückseite: Jun Ho Cho
Vorsatz: shutterstock/Refluo

Jun Ho Cho
S.1, S.2/3, S.10/11, S.12/13, S.14/15, S.18/19, S.20/21, S.22/23, S.24/25, S.26/27, S.28/29, S.30, S.32, S.34/35, S.36/37, S.38/39, S.40/41, S.42/43, S.44 oben, S.46/47, S.48/49, S.50/51, S.52/53, S.54/55, S.58 unten, S.58/59, S.60, S.60/61, S.62/63

istock Images
S.4 oben: Vac1
S.5 oben: 263oben
S.8 oben Mitte: nelik
S.8 unten Mitte: Simoneemanphotography
S.17 unten links: Sergey Badmatsyrenov
S.17 unten rechts: MatiasEnElMundo
S.35: mdcooper
S.53 unten: curtoicurto

mauritius images
S.11: Colin Waters / Alamy
S.15 unten links: Ian Dagnall / Alamy
S.16 oben: Science Source / New York Public Library
S.17 oben: Artokoloro Quint Lox Limited / Alamy
S.22 unten: Ivy Close Images / Alamy
S.25 oben: Rob Ford / Alamy
S.33 oben: mauritius images
S.40: AF Fotografie / Alamy
S.50 unten: Memento
S.55 oben rechts: M Ramírez / Alamy
S.55 oben links: Velomorvah / Alamy

Arco Digital Images
S.8 unten links: Andrew Murray
S.9 oben: Rebecca Robinson
S.9 unten links: Nature Production
S.9 unten rechts: Thomas Marent
S.33 unten links: Natural History Museum (WAC)
S.33 unten rechts: Bristol City Museum
S.47: Norbert Wu
S.54 Mitte: E. Baccega
S.57: K. Wothe

shutterstock
S.4 unten: GlobalP
S.5 unten: Iakov Filimonov
S.6 oben: A.Sych
S.6 unten: Barashkova Natalia
S.8 oben: marie martin
S.8 unten rechts: Catmando
S.12: Pocholo Calapre
S.13: Alexandr Junek
S.15 oben links: Sharon Keating
S.15 oben Mitte: CineBlade
S.15 oben rechts: Paul Juser
S.15 unten rechts: Stihlo24 2nd
S.16 unten: Bosstock
S.18 unten: javarman
S.19 oben: Byelikova Oksana
S.20 oben: Thanyapat Wanitchanon
S.20 Mitte: Sergey Vovk
S.20 unten: Glimpse of Sweden
S.22 oben: Andreas Juergensmeier
S.25 Mitte: Bianca Muller
S.24/25: Denis Simonov
S.26/27: ESB Professional
S.26 unten: Happy Together
S.29 oben: Sebastien Palud
S.31 oben rechts: kavalenkava
S.31 unten: canonzoom
S.34: SvetlanaSF
S.39: TheRocky41
S.42: InnaFelker
S.44, Kobra: CappaPhoto
S.44/45: zhao jiankang
S.45 oben: umnola
S.45 unten rechts: LifestyleStudio
S.48 unten: 4kclips
S.49 unten links: RaGS2
S.49 unten rechts: Orest lyzhechka
S.50 unten links: Sandi A
S.50 unten Mitte: Jess Kraft
S.50 unten rechts: Curioso
S.54 unten: Heartland Arts
S.56 oben: alexblacksea
S.56 unten: AkulininaOlga
S.59 oben links: Delbars
S.59 oben rechts: Kizel Cotiw-an
S.61 oben: Eillen
S.64 oben links: Vera Petruk
S.64 unten links: Sammy33
S.64 oben rechts: Kazakova Maryia
S.64 Mitte rechts: KathyGold
S.64 unten rechts: Sammy33
S.65 oben links: Hein Nouwens
S.65 Mitte links: Uncle Leo
S.65 unten: DeniZm Lyapin
S.65 rechts,3x: Artur Balytskyi
S.66 oben: Tatiana Ivleva
S.66 Mitte: patrimonio designs ltd
S.66 unten: KUCO
S.67 oben: KUCO
S.67 Mitte: insima
S.67 unten: zhekakopylov
S.70/71: MrCed
S.72: Liz Miller

Sonstige:
S.7: Gesner, Conrad: Vollkommenes Fisch-Buch; Nachdruck der Ausgabe von 1670, Schlütersche Verlagsanstalt, Hannover, 1981

Isabell Büchter:
S.68/69

Inhaltsverzeichnis

Willkommen in der Welt der Fabelwesen!

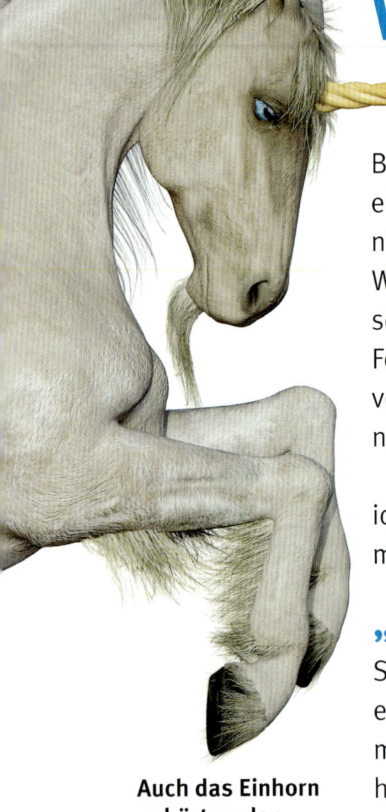

Auch das Einhorn gehört zu den Fabelwesen

Bestimmt hast Du schon von ihnen gehört – aber hast Du auch schon einmal ein Fabelwesen gesehen? Fabelwesen sind Geschöpfe, deren Existenz man nicht belegen kann. Manche Menschen behaupten, sie hätten ein solches Wesen zu Gesicht bekommen, vielleicht gibt es auch verschwommene, unscharfe Fotografien, aber nie wurde so ein Wesen eingefangen, nie haben Forscher Skelette davon gefunden. Es gibt also keinen Beweis für die Existenz von Fabelwesen. Die meisten Menschen sind sich sicher, dass es diese Tiere nur in der Fantasie gibt, aber einige glauben fest an ihre Existenz.

In diesem Band der Entdecke-Reihe möchten die clevere Eule Xabi und ich Dich mitnehmen auf eine spannende, aber nicht immer ganz ernst gemeinte Reise durch die Welt der Fabelwesen!

„Früher ..."

Sicherlich hast Du schon ganz oft zugehört, wenn Erwachsene von „früher" erzählten. „Früher" war alles ganz anders. Damit meinen die Erwachsenen meistens die Zeit, in der sie selber Kinder waren. Schon in den paar Jahren hat sich so viel geändert! Der Fernseher war damals ein dicker Kasten, vielleicht sogar noch in Schwarzweiß. Es gab ein Telefon für alle, und man musste sich ganz kurz fassen, da das Telefonieren teuer war. Jetzt sieht das alles schon ganz anders aus, der Fernsehbildschirm ist flach, und fast jeder hat ein Handy.

Vom Zebra über die Giraffe zum Okapi

Schon um 500 vor Christus gab es in Persien eine Abbildung eines Okapis, eingemeißelt in einem Fries. Erst Anfang des 20. Jahrhunderts erfuhr Henry Hamilton Johnston aus Reiseberichten von diesem Tier, das er anfangs für ein Zebra hielt. Auch Einheimische bestätigten die Existenz dieses Tieres. Johnston reiste mit ihnen in den Kongo und traf dort auf die belgischen Kolonialbehörden, die dieses Tier zwar noch nie gesehen hatten, aber zwei Beinfellstreifen von ihm besaßen. Diese Hautfetzen schickte Johnston nach London, wo sie untersucht und den Pferden zugeordnet wurden. Johnston selbst suchte weiter nach einem lebendigen Tier, wurde aber nicht fündig. Erst einem schwedischen Offizier gelang es, ein komplettes Fell und zwei Schädel zu bekommen. Aufgrund der kleinen Hörner wurde das Okapi als Verwandter der Giraffen angesehen. Erst später wurden Fell und Schädel in London untersucht, wo die neue Gattung *Okapia* festgelegt wurde.

Viel Fantasie ...

Oft haben Fabelwesen ihren Ursprung in ganz herkömmlichen Tieren. Einen an die Erdoberfläche gelangten Knochen eines Mammuts oder Dinosauriers kann man leicht für die Überreste von Drachen oder Riesen halten. Und eine in der Dämmerung daherlaufende Oryxantilope wird in der Fantasie der Menschen schnell zu einem Einhorn. Seefahrer könnten Seekühe für Meerjungfrauen halten.

Eine Oryxantilope läuft durch die Sandwüste. Wäre es noch etwas dunkler, könnte man sie auch für ein Einhorn halten!

Aber „ganz früher" existierte gar nichts davon. In der Zeit lange vor Deinen Großeltern und noch weiter in der Vergangenheit gab es keine Kommunikationsmittel wie heute, keinen Fernseher, kein Radio, keine Zeitung, kein Telefon. Und kein Auto, keine Bahn, nicht einmal das Fahrrad. Die meisten Menschen blieben ihr ganzes Leben lang an dem Ort, wo sie geboren wurden.

Auf diese Weise erfuhren sie kaum etwas von der Welt, und schon gar keine Neuigkeiten aus der Wissenschaft. Jeder musste davon ausgehen, dass das, was er von seinem Mitmenschen erzählt bekam, auch wahr ist. Da konnte man nichts überprüfen oder googeln. Die Leute redeten miteinander, erzählten sich Geschichten und Legenden. Natürlich kam es dann auch oft vor, dass etwas hinzugedichtet oder falsch verstanden und dann weitererzählt wurde. Du kennst bestimmt das Spiel „Stille Post". Am Ende dieses Spieles ist von der Ausgangsgeschichte kaum etwas übrig!

So geschah das bestimmt auch mit den Geschichten über die Fabelwesen. Sie änderten sich, wurden immer ausführlicher. Trotzdem blieb der Kern der Geschichte oft gleich. Das unbekannte Wesen tauchte immer wieder auf, in Erzählungen oder auch in Berichten von Menschen, die es gesehen haben wollten.

Jedes Wesen hat seine eigene Geschichte, ihm werden die unterschiedlichsten Fähigkeiten zugeschrieben. Es gibt gute und böse Fabelwesen, welche, die heilen können, und auch solche, die den Tod bringen sollen.

Genaue Untersuchung

Knochenfunde sind häufig. Früher konnte man sie noch nicht so genau untersuchen wie heute und hielt riesige Funde auch mal für Überreste von Fabelwesen.

Beim Spiel „Stille Post" kommt am Ende meist etwas ganz anderes heraus; so ähnlich muss das früher mit Geschichten von Fabelwesen passiert sein ...

Gaius Plinius Secundus Maior, auch Plinius der Ältere genannt, war ein römischer Gelehrter

Wissenschaftliche Berichte

Berichte über Fabelwesen gibt es schon seit sehr langer Zeit. So hat bereits Plinius der Ältere Geschichten darüber in seiner „Naturalis historia" aus dem Jahr 77 nach Christus zusammengetragen, der „Naturgeschichte". In seinem Vorwort schrieb Plinius: „Ich beabsichtige nun, alles das zu berühren, was entweder noch unbekannt oder noch nicht sicher erforscht ist." Somit war dies die erste Enzyklopädie, also die erste umfassende Wissenssammlung.

Im zweiten bis vierten Jahrhundert wurde der „Physiologus" verfasst und verbreitet, eine frühchristliche Naturlehre. Der „Physiologus" war auf Griechisch geschrieben, das Wort bedeutet so viel wie „Naturforscher". Darin wurden Pflanzen, Steine und Tiere beschrieben, ob sie nun real oder fabelhaft waren.

Im 12. Jahrhundert folgten die Bestiarien. Das waren meist reich illustrierte Bücher, in denen sowohl ganz normale, bekannte Tiere wie auch Fabelwesen dargestellt und beschrieben wurden, zum Beispiel Drachen.

Solche Zeichnungen wie diese eines Seepferdes Hippocampus waren in einem Bestiarium abgebildet. In diesen Büchern fanden sich viele Zeichnungen von echten, lebenden Tieren wie auch von Fabelwesen.

Von dem Indianischen Jag-fisch.

Guaicanus vel Reversus, piscis Indicus. Ein Jag-fisch.

Von seiner Gestalt/Art/ Natur und Eigenschafft.

Gleich wie man bey uns die Hasen auff weitem Feld fähet mit Jaghunden/ die vögel mit dem Habicht oder Stoßvogel / also fahen auch etliche Völcker in frembden Inslen die fische des weiten Meers / durch andere fisch so zu solcher Arbeit genaturt und gewöhnet worden sind. Solcher werden zweyerley Gestalt beschrieben.

Der erste sol sich vergleichen einem grossen Aal/ nur daß er einen grössern Kopff hat. Auff seinem Genick sol er ein Fell oder Haut haben/

gleic

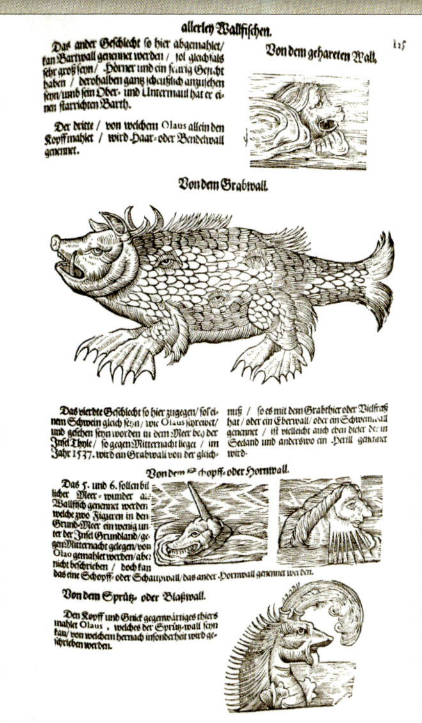

allerley Wallfischen. 125

Das ander Geschlecht so hier abgemahlet/ kan Bartwall genennet werden / sol gleichfals sehr groß seyn/ Hörner und ein feurig Gesicht haben / derohalben gantz scheußlich anzusehen seyn/ umb sein Ober- und Untermaul hat er einen starrichten Barth.

Der dritte / von welchem Olaus allein den Kopff mahlet / wird Haar- oder Bendelwall genennet.

Von dem gehareten Wall.

Von dem Grabwall.

Das vierdte Geschlecht so hier zugegen/ sol einem Schwein gleich seyn / wie Olaus schreibet/ und gesehen seyn worden in dem Meer bey der Insel Thyle/ so gegen Mitternacht lieget / im Jahr 1537. wird ein Grabwall von der gleichniß / so es mit dem Grabthier oder Vielfraß hat / oder ein Eberwall/ oder ein Schweinwall genennet / ist vielleicht auch eben dieser der in Seeland und anderswo ein Herill genennet wird.

Von dem Schopff- oder Hornwall.

Das 5. und 6. sollen billicher Meer-wunder als Wallfisch genennet werden/ welche zwo Figuren in dem Grund-Meer ein wenig unter der Insel Grundland/gegen Mitternacht gelegen/von Olao gemahlet werden/aber nicht beschrieben / doch kan das eine Schopff- oder Schaupwall/das ander Hornwall genennet werden.

Von dem Sprütz- oder Blaßwall.

Den Kopff und Gnick gegenwärtiges thiers mahlet Olaus , welches der Sprütz-wall seyn kan/ von welchem hernach insonderheit wird geschrieben werden.

Der Naturforscher Conrad Gesner schrieb und illustrierte die „Historia animalium", ein mehrbändiges Lexikon, das auch das „Thierbuch" enthält, aus dem die oben und rechts gezeigten Seiten stammen.

Diese Werke wurden über Jahrhunderte weitergeführt, und noch im 16. Jahrhundert verfasste der Schweizer Biologe Conrad Gesner ein Lexikon mit allen bekannten Tieren, auch dem Einhorn und vielen anderen Fabelwesen.

Für solche frühen Forscher war es einfach unmöglich zu beurteilen, ob ein Bericht über ein bestimmtes Tier nun stimmte oder nicht – wie hätte er das auch herausfinden sollen?

Ein Mythos rund um die Welt

Fabelwesen gibt es auf der ganzen Welt, und viele Regionen und Länder haben ihre eigenen Fabeltiere. So kennt man in Westeuropa den Basilisken (Schlangen-Hahn mit tödlichem Blick), den Greif (Mischwesen aus Löwe und Adler) oder auch den Phönix (unsterblicher Feuervogel). Osteuropa hat die Feuervögel und auch Vampire – blutsaugende Nachtgestalten. In Nordamerika redet man oft vom Bigfoot (großes Wesen mit Fell, das in Gebirgswäldern leben soll), in Asien vom Yeti (tibetischer Schneemensch).

Kryptozoologie

Heute gibt es neben der Zoologie, die sich mit noch lebenden Tieren beschäftigt, und der Paläontologie, die sich für ausgestorbene Arten interessiert, auch noch die Kryptozoologie.

Das Wort „Kryptozoologie“ setzt sich aus mehreren griechischen Wörtern zusammen, nämlich „kryptós“ = „versteckt“, „verborgen“, „geheim“, „zóon“ = „Tier“ und „lógos“ = „Lehre“. Kryptozoologie bedeutet also übersetzt: „die Lehre von den verborgenen Tieren“. Kryptozoologen werden allerdings nicht als richtige Wissenschaftler anerkannt, denn sie glauben an die Existenz von Tieren, die in Legenden und Sagen vorkommen, in Erzählungen oder auf Bildern zu sehen sind. Vielleicht wurden sie auch schon angeblich gesehen, und die Menschen reden darüber. Oder es wurden mutmaßliche Spuren der Tiere entdeckt, vielleicht Abdrücke im Boden, oder es wurden sogar Fellreste gefunden, die solchen Wesen zugeschrieben werden. Nichts davon reicht der Wissenschaft, um zu beweisen, dass es diese Tiere wirklich gibt. Kryptozoologen versuchen nun, sie wissenschaftlich nachzuweisen.

Die Waranart *Varanus bitatawa* wurde erst 2010 entdeckt!

Aus Zentralafrika wurde 1868 das Breitmaulnashorn beschrieben

Berggorillas bewohnen nur zwei kleine Gebiete im östlichen Afrika, in denen sie 1902 entdeckt wurden.

Der Goliathfrosch lebt auf einem sehr kleinen Gebiet in Westafrika und ist stark gefährdet. Er wurde 1906 entdeckt.

1938 wurde der Komoren-Quastenflosser entdeckt. Er kann bis zu zwei Meter lang werden und lebt an der Ostküste Südafrikas.

Der Australische Stupsfinnendelfin wurde erst im Jahr 2005 beschrieben

Davon zu unterscheiden sind Zoologen, die Hinweisen auf noch unbekannte Arten nachgehen. Selbst heute noch leben nämlich vor allem in abgeschiedenen Weltgegenden Tiere, selbst sehr große Arten, die der Wissenschaft noch unbekannt sind. Oft wissen aber die Einheimischen von ihnen zu berichten, oder ein Forscher findet auf einem Markt einen Schädel oder ein Fell. Bekannte Beispiele für solche Tiere, die der Wissenschaft lange verborgen blieben, sind das Okapi, der Komodowaran oder in jüngerer Zeit das Saola (ein Wildrind), der Burmesische Stumpfnasenaffe, der Australische Stupsfinnendelfin und das Riesenpekari (ein sehr großes Nabelschwein).

Noch viel zu entdecken!

Du siehst also, dass neben unzähligen neuen Insekten, Spinnen und vielen anderen Tieren, die jedes Jahr neu entdeckt werden, selbst sehr große Arten sehr lange unentdeckt bleiben können! Schließlich gibt es noch weite Teile unserer Erde, die gar nicht oder nur teilweise untersucht wurden, beispielsweise die Antarktis, die arktische Tundra, große Wildnisgebiete in Alaska und Kanada, Russland, dem Kongo oder Papua-Neuguinea. Doch das größte unerforschte Gebiet der Erde sind die Tiefen der Meere. Nur sehr kleine Regionen wurden dort bereits von Wissenschaftlern untersucht. Es gibt also noch genug zu entdecken!

Die Iriomote-Katze ist eine wilde Katze, die auf der japanischen Insel Iriomote heimisch ist. Sie wurde 1965 entdeckt.

Schwarzkopflöwenäffchen leben in einem kleinen Gebiet im Süden Brasiliens. Sie wurden erst 1990 entdeckt und sind sehr stark gefährdet.

Die drei Gruppen der Fabelwesen

Fabelwesen lassen sich grob in drei Gruppen aufteilen: menschenartige Fabelwesen, Mischwesen und tierische Fabelwesen. Diese drei Gruppen wollen wir gleich einmal genauer untersuchen!

Menschenartige Fabelwesen

Affenmenschen sind wohl die bekanntesten menschenartigen Fabelwesen. Kryptozoologen beschäftigen sich intensiv mit ihnen, obwohl es keine Beweise für ihre Existenz gibt.

In diesem Buch stelle ich Dir ab Seite 12 nur den asiatischen Yeti und den amerikanischen Bigfoot näher vor. Kryptozoologen glauben aber, dass es noch viele weitere Vertreter gibt, die alle menschliche Züge zeigen. So existieren Sagen und Geschichten über Feen und Kobolde, Riesen und Menschenfresser, Elfen und noch viele mehr.

Zur Gruppe der Elfen und Feen gehören zum Beispiel auch die Nymphen und Heinzelmännchen. Nymphen sind ausschließlich weibliche Wesen, die man kaum von uns Menschen unterscheiden kann. Sie sind außergewöhnlich schön und leben sehr naturverbunden in ihren Gebieten. So unterscheidet man zwischen Flussnymphen und Meernymphen, zwischen Wald- und Wiesennymphen. Von den Heinzelmännchen hast Du bestimmt schon gehört. Sie sind winzig klein und normalerweise unsichtbar, doch manchmal zeigen sie sich einem Menschen, den sie besonders mögen. Heinzelmännchen sind sehr nützlich und hilfsbereit, sie erledigen oft die vergessenen und nicht geschafften Arbeiten der Menschen, bei denen sie wohnen.

Die Dryade, auch Baumnymphe genannt, lebt mit einem Baum verbunden. Stirbt der Baum, so stirbt auch die Dryade.

Feen sind weibliche, wunderschöne Wesen, sie sind geisterhaft, mit höheren Kräften begabt und werden oft mit zarten Flügeln dargestellt

Die Gruppe der Zwerge und Wichtel scheint uns Menschen am ähnlichsten zu sein. Sie sind nur bis zu einem Meter groß. Die beiden Arten unterscheiden sich sehr deutlich im Aussehen: Bei Zwergen sind Kopf und Rumpf groß, Arme und Beine dafür kurz. Wichtel sind äußerlich gesehen nur Menschen in Miniaturformat. Beide Arten sind sehr menschenscheu, sie leben in den Bergen und haben eine Vorliebe für Bergwerke und Minen.

Zu der Kobold-Familie gehören sowohl die Kobolde wie auch Orks, Gremlins und Trolle. Kobolde und Orks sind höchstens bis 1,5 Meter groß und sehr bösartig, sie bekämpfen sich gegenseitig und richten mit Freude viel Unheil an. Zum Glück meiden sie die Menschen und auch das Sonnenlicht, sie verstecken sich in Mooren und der Wildnis der Berge.

Gremlins werden nur halb so groß, sind aber genauso bösartig. Sie leben unsichtbar unter den Menschen, immer in der Nähe von Maschinen und Computern, die sie zerstören oder mit Viren infizieren.

Trolle können sogar über drei Meter groß werden. Sie meiden die Menschen, aber wenn man ihnen begegnet, werden sie sehr gefährlich.

Der größte bekannte Mensch war Robert Wadlow, er maß 2,72 Meter. Fabelriesen sind mindestens vier Meter groß und können sogar bis 61 Meter Größe erreichen. Man sagt ihnen nach, sehr dumm gewesen zu sein, da sie ein proportional kleines Gehirn hatten. Sie gelten als ausgestorben, sehr wahrscheinlich einfach aus Platzgründen.

Trolle kommen besonders oft im Norden Europas vor. Sie können sowohl klein wie Zwerge als auch riesig groß sein. Im Aussehen unterscheiden sie sich ebenfalls sehr. Eines haben sie aber gemeinsam: die menschenähnliche Gestalt!

Yeti

Der große Schneemensch aus dem Himalaya

Auf Expeditionen in Nepal im Himalaya sollen schon Yetis gesehen worden sein.

Auch heute noch hört man hin und wieder von der Sichtung eines Yetis. Die Naturvölker des Himalaya-Gebirges in Asien kennen ihn schon seit dem 6. Jahrhundert, erzählen von Begegnungen und haben auch Beweise für seine Existenz – allerdings erwiesen sich diese Beweise bei wissenschaftlicher Untersuchung als Stücke von Ziegenhaut oder Bärenfell ... Trotzdem taucht der Yeti immer wieder auf.

Er soll ein bis zu drei Meter großes, aufrecht gehendes Wesen sein und mindestens 200 Kilogramm wiegen. Sein Fußabdruck – von dem es sogar Fotos gibt! – ist zwischen 40 und 45 Zentimeter lang, er hat nur je vier Zehen. Sein Kopf soll eierförmig sein, mit der Spitze nach oben.

„Felsentier“ und andere Namen

Das Wort „Yeti“ stammt aus der Sprache der Sherpas. Das ist ein Volksstamm, der seit etwa 1 500 nach Christus im Himalaya ansässig ist. Diese Menschen waren überzeugt von der Existenz eines riesigen Wesens, das sie Ye (=Fels) The (=Tier) nannten. Im Himalaya gibt es ganz viele unterschiedliche Stämme mit eigenen Sprachen. Jeder Stamm kannte das riesige Wesen. Es wird als Migö (Wilder Mann), Gang Mi (Gletschermann), Lomung (Berggeist), Chumung (Schneegeist), Kang Admi (Schneemensch) oder sogar JoBran (Menschenfresser) bezeichnet. Du merkst schon, dass der Yeti ein großes Gebiet bewohnt, und ganz unterschiedliche Völker kennen ihn unabhängig voneinander.

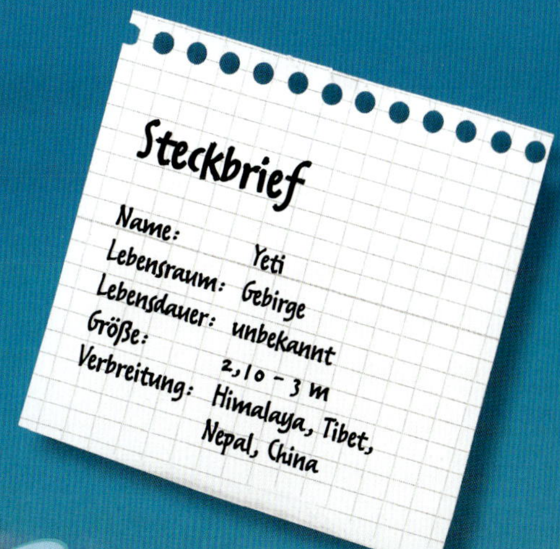

Es gibt zwei verschiedene Arten: den Roten Yeti und den Weißen Yeti. Der Rote hat ein rotbraunes, eher spärliches Haarkleid, der Weiße dagegen ein weißes bis schmutzig graues, dichtes, langes Fell.

Beide Arten wohnen in Höhlen weit oben im Gebirge, die sie nur im tiefsten Winter verlassen. Da sie zusätzlich auch noch nachtaktiv und sehr scheu sein sollen, bekommt man sie nur sehr selten zu Gesicht.

Ist der Yeti ein Bär?

Immer wieder gab es Expeditionen, um den Yeti zu finden. Niemand entdeckte jedoch echte Beweise. Heute nimmt man an, dass alle bislang gefundenen Knochen und Spuren verschiedenen Bären zugeordnet werden können. Darunter fallen der Kragenbär, der Himalaya-Braunbär und der Tibetische Braunbär. Kryptozoologen dagegen bezweifeln, dass es sich um Bären handelt, und glauben an Exemplare des ausgestorbenen geglaubten Riesenaffen *Gigantopithecus*. Damit ließe sich auch erklären, warum der Yeti aufrecht geht, denn das tun Bären normalerweise nicht. Auch die Zehenstellung lässt eher auf Affen schließen. Bewiesen ist jedoch noch nichts ...

Bigfoot

Der amerikanische Affenmensch

Bigfoot scheint das nordamerikanische Gegenstück zum Yeti zu sein. Auch er ist bis zu drei Meter groß, hat einen aufrechten Gang und große Ähnlichkeit mit einem Affen. Meistens wird er in den Rocky Mountains und an der pazifischen Küste gesehen, aber es gibt auch vereinzelte Berichte aus ganz Amerika. In Kanada kannten ihn schon die Indianer, sie nannten ihn „*Sasquatch*", was so viel wie „Wilder Mann" bedeutet.

Erst im letzten Jahrhundert, ab 1958, häuften sich die Berichte, es wurden Filme und Fußspuren entdeckt und veröffentlicht. Die Menschen erfuhren von einem Wesen mit riesigen, menschenähnlichen Füßen, sie sahen die Fotos und die Gipsabdrücke der Spuren. Durch deren Größe kam der Name Bigfoot (= Großfuß) auf.

Alle Spuren und Fotos wurden wissenschaftlich untersucht. Die Fußspuren ließen sich als Bärenspuren identifizieren, Haarfunde als Haare von Bären oder Hirschen. Auch eine Verbindung zum ausgestorbenen Riesenaffen *Gigantopithecus* wurde untersucht und abgewiesen.

Bigfooter

Viele Menschen möchten beweisen, dass es den Bigfoot wirklich gibt. Diese sogenannten „Bigfooter" wandern quer durch die Wälder Nordamerikas und suchen nach Spuren. Hast Du auch schon einmal ungewöhnliche Spuren bei Deinen Waldwanderungen gesehen?

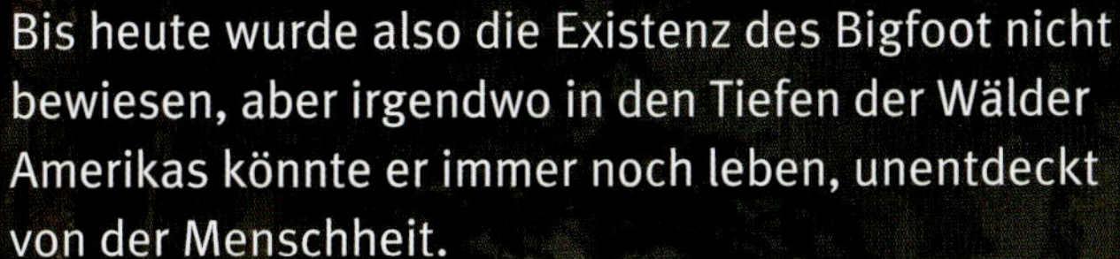

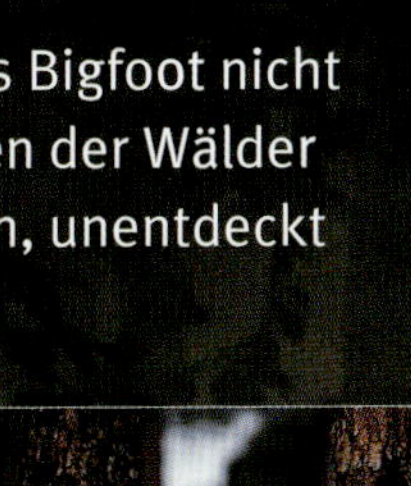

Bis heute wurde also die Existenz des Bigfoot nicht bewiesen, aber irgendwo in den Tiefen der Wälder Amerikas könnte er immer noch leben, unentdeckt von der Menschheit.

In Kalifornien, USA, befindet sich die „Bigfoot Scenic Byway". Diese Straße ist 89 Meilen lang, fast 150 Kilometer, und rühmt sich damit, dass es hier die meisten Bigfoot-Sichtungen gab und auch noch gibt.

Ein Museum für Bigfoot

Im Nordwesten Kalifoniens befindet sich das „Willow Creek China Flat Bigfoot Museum". Hier werden Abdrücke von Bigfoot-Spuren ausgestellt, zusammen mit Fotografien und Bildern, die Bigfoot zeigen. Auch Karten und Artikel zu Bigfoot sind dort zu sehen. Die Ausstellung wird ständig aktualisiert, es erscheinen immer wieder neue Artikel zu Bigfoot und seinen Sichtungen.

Mischwesen

In den sogenannten Mischwesen, Halbmenschen oder Tiermenschen vermischen sich menschliche und tierische Formen in einem Körper. Es gibt Tiere mit menschlichen Köpfen oder aber auch menschliche Körper mit Tierköpfen.

Diese Zeichnung einer Harpye stammt aus einem Buch von 1642

Tierische Gestalt

Zur ersten Gruppe zählen zum Beispiel Harpyen, Sirenen, Satyre, Nixen, Meerjungfrauen, Zentauren und Sphinxe. Harpyen und Sirenen ähneln sich sehr. Aber während die Harpyie den Körper und die Flügel eines Geiers sowie Kopf, Brust und Arme einer alten Hexe besitzt, hat die Sirene den kompletten Körper eines Adlers und nur der Kopf ist der einer schönen Frau. Beide Wesen sind bösartig. Harypen kommen in einem Schwarm über Häuser und Städte, um nach Essbarem zu suchen, die Sirenen locken Seefahrer mit ihrem Gesang, um sie dann zu zerfleischen.

Satyre haben auch einen menschlichen Oberkörper, aber einen ziegenähnlichen Unterkörper. Sie haben die Beine eines Ziegenbocks samt Hufen, auch ein Ziegenschwänzchen befindet sich am Ende des menschlichen Rückens. Sie sind stark behaart, und an ihrem Menschenkopf befinden sich kleine Hörner. Satyre sind nicht bösartig, sie lieben es zu tanzen, Wein zu trinken und meisterhaft Flöte zu spielen. Bei Bauern sind sie sehr beliebt, denn man sagt, ein Satyr sorge für gutes Wachstum der Pflanzen und eine gute Ernte.

In einem Park in Warschau, Polen, hält eine Satyr-Statue eine Laterne

Tiergestalt

Mischwesen haben es echt gut, denn sie vereinen verschiedene Wesenszüge und Eigenschaften in einem Körper! Tiergestalten haben den Verstand des Menschen, können aber rennen wie ein Pferd, fliegen wie ein Vogel, schwimmen wie ein Fisch, je nachdem, wie ihr Unterkörper aussieht.

Menschliche Gestalt

Zur zweiten Gruppe, also den Fabelwesen mit menschlicher Gestalt und Tierköpfen, gehören der Kynokephalos und der Minotaurus.

Kynokephale haben eine menschliche Gestalt, können aber zusätzlich zu ihrem Hundekopf noch andere Merkmale der Hunde haben, wie Fell oder Klauen. Zu reden vermögen sie nicht, nur zu bellen und zu knurren. Sie sind friedlich und treiben sogar Handel mit Menschen.

Dagegen sollen Minotauren blutrünstige Wesen sein. Sie haben einen muskulösen Menschenkörper, aber Nacken und Kopf eines Stieres. Bis zu drei Meter werden sie groß, ihre Hörner sind riesig und spitz wie Messer. Der Körper ist stark behaart, auch besitzt er einen Bullenschwanz.

In einem alten Buch, das ungefähr aus dem Jahr 1475 stammt, kannst Du eine Illustration eines Kynokephalos mit einem Akephalos (ein kopfloser Dämon) finden

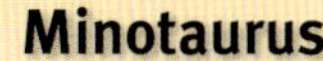

Minotaurus

In der griechischen Mythologie wurde Minotaurus auf der Insel Kreta geboren, ein Wesen mit menschlichem Körper und Stierkopf. Minotaurus war böse, er wurde in ein riesiges, extra für ihn angefertigtes Labyrinth gesperrt. Doch alle neun Jahre mussten sieben Jünglinge und sieben Jungfrauen in das Labyrinth geschickt und dem Minotaurus geopfert werden. Zur dritten Opferung sollte Theseus in das Labyrinth gesandt werden. Mit der Hilfe einer Frau, Ariadne, tötete er den Minotaurus und fand mittels eines Fadens unbeschadet aus dem Labyrinth heraus.

Sphinx Ein rätselhafter Wächter

Sphinxe sind schon lange vor unserer Zeitrechnung bekannt gewesen. Sie sollen alle Geheimnisse von Leben und Tod kennen und Rätsel lieben. Die Pharaonen im alten Ägypten benutzten sie schon im Jahr 3 000 vor Christus als Wächter für ihre Paläste und Tempel. Überall hinterließen sie Abbildungen und Skulpturen dieses rätselhaften Wesens.

Man unterscheidet zwischen der ägyptischen und der griechischen Sphinx. Beide Arten haben einen gewaltigen Löwenkörper, sind aber viel größer als ein normaler Löwe. Auf dem Körper der ägyptischen Sphinx ruht meist ein männlicher Pharaonenkopf, aber bekannt sind auch welche mit Falken- oder Widderkopf. Griechische Exemplare haben weibliche Köpfe und zudem noch ein Paar mächtiger Adlerflügel.

Die Griechen behaupteten, die Sphinx bringe Zerstörung und Unheil. Dazu gibt es eine Legende:

Einst setzte die Göttin Hera eine Sphinx vor die Stadt Theben, um diese zu plagen. Die Sphinx hielt jeden Reisenden an und stellte ihm ein Rätsel. Konnte der Reisende dieses Rätsel nicht lösen, wurde er von der Sphinx erwürgt und verschlungen. So stellte sie auch Ödipus vor ein Rätsel: „Was geht zuerst auf vier, dann auf zwei und schließlich auf drei Beinen?" Doch Ödipus konnte antworten: „Es ist ein Mensch, der als Kleinkind auf allen vieren krabbelt, als Erwachsener aufrecht auf zwei Beinen läuft und im Alter einen Stock zur Hilfe nimmt." Ödipus war der erste Mensch, der ein Rätsel einer Sphinx lösen konnte. Man erzählt sich, dass die Sphinx sich vor lauter Scham und Verzweiflung vom Felsen in den Abgrund stürzte.

Steckbrief

Name: Sphinx
Lebensraum: luftige Felsplateaus
Lebensdauer: unsterblich
Größe: bis 3 m Schulterhöhe, fast 8 m Länge
Verbreitung: Ägypten, Griechenland

Sphinx von Gizeh

Diese wohl bekannteste Darstellung einer Sphinx ist eine der größten Steinstatuen der ganzen Welt. Sie befindet sich in Ägypten neben der Gizeh-Pyramide. Erbaut wurde sie zwischen 2700 und 2600 vor Christus. Früher war sie auch farbig angemalt, ihr Körper hat jetzt noch Reste einer Ockerfarbe.

Die Statue ist riesengroß, 20 Meter hoch und über 70 Meter lang. Trotz ihrer Größe war sie schon oft so von Sand bedeckt, dass manchmal nur noch ihr Kopf herausragte. Sie wurde mehrfach ausgebuddelt und auch restauriert.

Auch dazu gibt es Legenden, zum Beispiel die vom Prinzen Thutmosis. Er soll einmal völlig erschöpft bei der Sphinx eingeschlafen sein und dann geträumt haben. Die Sphinx bat ihn im Traum darum, vom Sand befreit zu werden. Als Belohnung würde der Prinz den Königsthron erhalten. Und genauso ist es auch geschehen!

Auch um die abgeschlagene Nase der Sphinx ranken sich Gerüchte und Legenden, aber genau kann niemand sagen, warum die Nase fehlt. Vielleicht kennst Du die Geschichte von Asterix und Obelix, in der Obelix sich auf die Nase setzt und sie durch sein Gewicht abbricht? Vielleicht war es ja so ...

Diese ägyptische Sphinx steht in Petersburg, Russland

Meerjungfrau

Verführerisch schöne Fischfrau

In Kopenhagen in Dänemark befindet sich die wohl berühmteste Figur der kleinen Meerjungfrau. Sie stellt die Hauptfigur aus dem Märchen von Hans Christian Andersen dar.

In Thailand findet sich diese goldene Statue einer Meerjungfrau am Strand

Ihr wunderschöner Gesang soll zu vernehmen sein, noch bevor man die Meerjungfrau sehen kann. Er tönt weit über das Meer hinaus und lockt Landmenschen und Seefahrer ins Wasser des Meeres. Dabei ist die Meerjungfrau gar nicht böse, sie liebt nur die Gesellschaft der Menschen!

Meerjungfrauen haben den Oberkörper einer wunderschönen Frau. Meist besitzen sie blau-grüne Augen und wunderschönes, goldenes, langes Haar. Die Haarfarbe kann aber auch wechseln, so hat man schon Meerjungfrauen mit grünen, braunen oder blonden Haaren gesehen. Der Unterkörper besteht aus einem Fischschwanz, der mit glänzenden Schuppen bedeckt und wie bei Walen waagerecht ist.

Gehen Meerjungfrauen an Land, verwandeln sie sich in schöne Frauen und sind auch kaum von ihnen zu unterscheiden. Sie können ihren Fischschwanz dazu in zwei Beine umwandeln. Trotzdem zieht es sie immer wieder in ihr Zuhause zurück, das Meer.

Auf der ganzen Welt gibt es Meerjungfrauen. Sie leben in Küstennähe, meist an Klippen. Dort sitzen sie und warten auf Seefahrer, die sie mit ihrem Gesang betören.

Nixen

Nixen sind sehr eitel und verbringen die meiste Zeit damit, auf einem Stein am Wasserrand zu sitzen, sich in der Wasseroberfläche zu spiegeln und zu kämmen. Verliebt sich eine Nixe in einen Mann, verliert sie nicht wie die Meerjungfrau ihre Stimme. Doch auch an Land tut sie nicht viel anderes, als sich selbst zu bewundern und vor dem Spiegel zu sitzen. Ist der Mann ihrer irgendwann überdrüssig und wendet sich einer menschlichen Gefährtin zu, endet das leider meistens tödlich für ihn, da Nixen unglaublich eifersüchtig sind. Sie würden den Mann verführen und mit ins Wasser nehmen.

Eine bekannte Nixe ist die Loreley am Rhein. Sie soll durch ihren Gesang und ihre Schönheit die Rheinschiffer in ihren Bann ziehen, sodass diese vom Kurs abkommen, ihre Schiffe an den Felsen zerschellen und die Männer ertrinken.

Steckbrief

Name: Meerjungfrau
Lebensraum: Meer, Küstennähe
Lebensdauer: langlebig
Größe: etwas kleiner als der Mensch
Verbreitung: weltweit

Meerjungfrau oder Nixe?

Sie sind kaum zu unterscheiden, allerdings leben Nixen in Flüssen und Seen und fürchten sich vor salzigem Meerwasser. Meerjungfrauen sieht man dagegen nur im Meer oder an der Küste, wenn sie auf gischtumsprühten Klippen sitzen.

Erblickt ein Mann eine Meerjungfrau, so soll er sich unsterblich in sie verlieben und ihr ins tiefe Meer folgen. Niemand hat das bisher überlebt. Aber eine Meerjungfrau kann sich auch in einen Mann verlieben. Dann kann sie für immer Frauengestalt annehmen und bei ihm bleiben. Doch das kostet sie sehr viel: Um die geheime Welt im Meer nicht verraten zu können, muss sie ihre wunderschöne Stimme und ihr Gedächtnis abgeben. Damit verliert sie aber auch ihre betörende Wirkung auf die Männer und muss nun hoffen, dass der Mann ihrer Wahl sie trotzdem bis zum Lebensende liebt. Verlässt er sie, verwandelt sie sich in Meeresschaum. Zurück zur Wasserwelt kann sie nicht.

Doch eine Meerjungfrau kann auch eine Familie gründen, sowohl mit einem Mann an Land (die Kinder haben dann allerdings kleine Schwimmhäute zwischen Fingern und Zehen) als auch mit Wassermännern. Dann bauen sie sich wahre Paläste am Meeresgrund, die sie mit allerlei Schätzen schmücken.

Zentaur Der wilde Pferdemensch

In Kassel auf der Wilhelmshöhe findest Du diese Figur eines Zentauren. Mit seinem Horn kündet er den Beginn der Wasserspiele an

Zentauren – oder auch Kentauren – sind muskulöse, kräftige Männer, die ab der Hüfte in einem Pferdekörper enden. Meist sind es rassige Vollbluthengste von hellem Braun bis hin zu glänzendem Schwarz.

Schon mit 13 Jahren gelten sie als ausgewachsen. Doch gerade in jungen Jahren sind die Zentauren stets bereit, ihre Kräfte zu messen und miteinander zu kämpfen!

Zentauren sollen von zwei unterschiedlichen Familien abstammen. Der eine Zweig gilt als unbeherrscht, kampflustig, wild und unbezähmbar. Solche Zentauren lieben den Alkohol, obwohl sie ihn gar nicht vertragen können. Durch seinen Genuss werden sie noch wilder und kampfeslustiger, sie bekriegen sich gegenseitig bis zum bitteren Ende. Auch soll keine heiratsfähige junge Frau vor ihnen sicher sein. Es kann schon mal vorkommen, dass sie junge Frauen von anderen Stämmen stehlen. Logischerweise kommt es auch dann zu Kämpfen.

Chiron – der Weise und Heiler

Chiron, der wohl bekannteste Zentaur, war im Gegensatz zu den anderen von göttlicher Abstammung und somit unsterblich. Auch in seiner Art bildete er eine Ausnahme: Er zeichnete sich durch Hilfsbereitschaft, Gerechtigkeit und Weisheit aus, war Heiler, Prophet und Erzieher. Außerdem gilt er als Erfinder von Pfeil und Bogen, er war der erste bekannte Schütze.

Doch eines Tages geriet er in einen Kampf mit betrunkenen Zentauren. Chiron wurde dabei von einem verirrten Pfeil getroffen, der mit vergiftetem Hydra-Blut getränkt war. Doch da Chiron unsterblich war, litt er unsägliche Qualen. Niemand konnte ihn heilen. Freiwillig gab er seine Unsterblichkeit zugunsten Prometheus auf und konnte so in die Unterwelt gelangen. Zeus war von seiner Tat so angetan, dass er ihn in die Götterwelt erhob und ihn am Himmel als Sternbild verewigte.

Der andere Familienzweig ist dagegen sehr umgänglich und weise. Diese Zentauren lieben Kunst und Wissenschaft und sind sehr gütig. Einige sollen sogar eine prophetische Begabung besitzen. Aus dieser Familie stammt der berühmte Chiron, der schon als junger Zentaur Medizin studierte und später andere berühmte Persönlichkeiten aufzog.

Steckbrief

Name:	Zentaur
Lebensraum:	Gebirge, Wald
Lebensdauer:	langlebig
Größe:	Schultermaß eines Pferdes
Verbreitung:	Europa, Griechenland

Tierische Fabelwesen

Zur dritten Gruppe zählen die reinen Tierwesen. Mit ihnen wollen wir uns ganz intensiv befassen.

Von vielen dieser tierischen Fabelwesen hast Du bestimmt schon gehört oder gelesen, vielleicht hast Du sie auch schon in Filmen gesehen. Sie haben Ähnlichkeiten mit den heute bekannten Tieren, die Du auch im Zoo bestaunen kannst – und doch sind sie ganz anders, viele haben magische Kräfte, einige sind gut, andere bösartig. Sie sind schwer zu finden, leben zurückgezogen. Nur sehr selten werden sie von Menschen gesehen, die dann über diese Tiere berichten. Diese Berichte und Geschichten häufen sich, viele ähneln einander und werden somit glaubhafter.

Fabeltiere gibt es in jedem Lebensbereich, im Wasser, in der Luft, an Land, auf Bergen, in Tälern, Höhlen, auf Wiesen und an Küsten. Sie sind winzig klein bis riesig groß, helfen den Menschen oder bekämpfen und fressen sie. Ihre Artenzahl ist unvorstellbar groß, ihre Vielfalt unbegrenzt.

Wunderkammern

Schon in der Antike gab es Kuriositätenkabinette. Dort stellte man alles zur Schau, was irgendwie seltsam, wunderlich, komisch oder skurril erschien. Auch angebliche Überreste oder Spuren von Fabelwesen wurden ausgestellt. Es gab Bilder, lebende Ausstellungsstücke und auch haltbar gemachte tote Exemplare. Oft wurde dabei ordentlich geschummelt und gemogelt. Die Leute fühlten sich unterhalten und zahlten Eintritt.

Diese Kabinette nannte man später Wunderkammern. Noch bis ins 20. Jahrhundert hinein gab es solche fahrbaren Kabinette und Kammern auf Jahrmärkten und Volksfesten.

Vögel

Sicherlich hast Du auch schon manchmal in den Himmel geguckt und einen Schwarm Vögel beobachtet oder einen besonders großen Vogel bestaunt. Nicht immer kann man sofort sagen, um welchen Vogel es sich handelt, aber es vermittelt ein Gefühl der Freiheit, wenn man diese Tiere so schwerelos durch die Luft gleiten sieht.

Einige Fabelwesen unter den Vögeln haben aber nur einen ganz bestimmten Lebensraum und können sich schlecht anpassen. Ihre Nester werden von anderen Tieren oder von Menschen geplündert. Manche Arten sind von Natur aus sehr selten, wie der Phönix oder auch der Vogel Rock. Sie benötigen zur Fortpflanzung oder Wiederauferstehung Abgeschiedenheit.

Ob das die Eier des Vogels Caladrius sind, von dem Du auf Seite 28 erfährst?

Flugkunst

Gerade weil wir Menschen nicht in der Lage sind zu fliegen, scheinen uns die Vögel so zu faszinieren. Jeder träumt davon, einmal völlig losgelöst fliegen zu können. Viele Erfinder haben schon daran rumgetüftelt, aber so richtig ist es noch keinem Menschen gelungen, aus eigener Kraft zu fliegen. Also schauen wir weiter in den Himmel und träumen ...

Caladrius

Der Vogel mit den Heilkräften

Schon im Mittelalter war dieser Vogel bekannt. Man konnte in den Bestiarien und auch in Ausgaben des Physiologus über ihn lesen.

Der Caladrius soll die Größe eines Pelikans haben und durch ein strahlend weißes Federkleid auffallen. Nur sein Schnabel und die Klauen sind gelblich.

Der wunderschöne weiße Vogel hat eine spezielle Aufgabe: Er wacht über die Gesundheit der Könige und anderer Herrscher. Nur sehr selten kommt er zu einfachen Menschen.

Ist ein König krank, setzt sich der Caladrius auf das Bett und sieht den Kranken an. Wenn er feststellt, dass die Krankheit unheilbar ist und zum Tod führt, wendet der Vogel den Blick ab. Ist der Kranke aber heilbar, schaut er ihm in die Augen, und sein Gefieder saugt die Krankheit auf. Dies kann er besonders gut bei Gelbsucht und Erblinden. Durch diesen Vorgang werden die strahlend weißen Federn grau bis schwarz. Ist der Kranke wieder gesund, fliegt der schwarze Caladrius hinaus bis hoch in den Himmel und lässt die Krankheit von der Sonne verbrennen. Danach kann er wieder mit weißem Gefieder zurück zur Erde fliegen.

Wacht er einmal nicht über Kranke, fliegt er hoch hinauf in die Wolken, wo er sein Nest hat.

Seine Nahrung erhält der Vogel in den Herrschaftshäusern. Man sagt, er speise dort fürstlich. Wenn ihm einmal die Türen eines Palasts versperrt bleiben, kehrt er niemals wieder.

Der Goldregenpfeifer

In der Antike war es der Goldregenpfeifer mit seinem goldgelb gefleckten Gefieder, dem die Heilkräfte eines Caladrius zugeschrieben wurden. Die Exkremente dieses Vogels sollten Blindheit heilen können.

Es wird vermutet, dass der Name „Caladrius“ von dem lateinischen Namen des Goldregenpfeifers *Charadrius pluvialis* abstammt.

Phönix

Der unsterbliche Feuervogel

Der Phönix stammt aus der Familie der Feuervögel. Angeblich wird er über 500 Jahre alt. Er ähnelt einem großen Adler mit goldenen Federn am Hals, die Sonnenstrahlen gleichen. Die Flügel und das Federkleid funkeln in allen Regenbogenfarben. Seine Grundfarbe kann er nach jedem neuen Lebenszyklus ändern.

Da er noch nie beim Fressen gesehen wurde, nimmt man an, dass er sich nur von Tau und Luft ernährt. Sein Nest ist auf den höchsten Bäumen zu finden, weit weg im Fernen Osten,

Die deutsche Kleinstadt Buko führt den Phönix auf ihrem Stadtwappen

Eine japanische Goldmünze mit dem Aufdruck eines Phönix

im Land der Morgenröte. Der Gesang und auch der Geruch des Vogels sollen so schön sein, dass ihm alle Vögel folgen, alle Lebewesen einen Moment innehalten und lauschen. Wer einen Phönix sieht, dem ist ein baldiges Ende seines Unglücks prophezeit, es gibt einen hoffnungsvollen Neuanfang.

Sobald der Phönix das Ende seiner Lebensspanne erreicht hat, fliegt er nach Phönizien (dem heutigen Libanon und Syrien). Er sammelt Myrrhe, Zimt und Weihrauch, die allesamt würzig duften, und stapelt sie zu einem Scheiterhaufen. Diesen besteigt er, zündet ihn selbst an und verbrennt darauf. Nur ein Ei bleibt zurück, aus dem bald ein prächtiger neuer Phönix schlüpft. Dieser fliegt nun wieder zurück in seine Heimat.

Da er sich immer wieder selber verbrennt und aufersteht, sind weitere Vertreter seiner Art nicht notwendig. Es gibt nur ein einziges Exemplar.

In vielen Ländern ist der Phönix bekannt: in China wird er Fenghuang genannt, im alten Ägypten kannte man ihn unter dem Namen Benu. In Persien heißt er Simurgh, in slawischen Ländern ist es der Feuervogel. Jede Kultur beschreibt ihn etwas anders, eine unterschiedliche Gefiederfarbe, eine andere Lebensspanne. Aber überall verbrennt der Phönix, um aus seiner eigenen Asche aufzuerstehen und so unsterblich zu sein.

Dazu gibt es sogar ein Sprichwort: „Wie ein Phönix aus der Asche." Deuten kannst Du es so: Es ist nicht schlimm, wenn Du mal hinfällst, wenn Dir etwas nicht gelingt, wenn Du meinst, es geht nicht mehr weiter. Wichtig ist, dass Du wieder aufstehst und noch einmal neu anfängst!

Dieser Phönix schmückt ein chinesisches Tempeldach

Roch Der arabische Riesenvogel

Der Vogel Roch, manchmal auch Rock genannt, ist wohl der größte Vogel, der je gesichtet wurde. Sein Gefieder ist rot bis braun, jede einzelne Feder hat die Größe eines Palmblattes. Die Gestalt des Vogels soll der des Adlers sehr ähneln, aber er ist um ein Vielfaches größer. Manche Berichte sagen, er so groß wie ein Mensch, andere behaupten, er erreiche die Ausmaße eines Segelschiffes.
Wenn man diesen Vogel fliegen sieht, verdunkelt er die Sonne.

Roch ernährt sich von Elefanten. Einen dieser Dickhäuter kann er mühelos fangen und durch die Luft tragen. Dann lässt er ihn einfach fallen und frisst den zerschmetterten Körper auf.

Unklar ist, wo Roch sein Nest baut. Einige Überlieferungen geben an, das Nest sei hoch in Baumwipfeln verankert, andere erzählen davon, das Weibchen lege immer nur ein Ei und vergrabe es im Sand am Strand. Erst wenn das Junge geschlüpft ist, kommen die Eltern zur Aufzucht zurück.

Wem es gelingt, einen Roch zu fangen und zu töten, dem verleiht das verzehrte Fleisch ewige Jugend. Bereits ältere Menschen können bis zu 30 Jahre verjüngt werden und dieses Aussehen ewig halten.

Sindbad aus der Märchensammlung „Tausendundeine Nacht" ist dem Vogel Roch auf seiner Seefahrt nach Ceylon begegnet. Roch soll Sindbads Schiff mit einem Steinwurf zum Kentern gebracht haben. Der Seefahrer rettete sich auf die damals unbewohnte Insel Madagaskar. Um von dieser Insel zu kommen, band Sindbad sich an ein Bein des Roch und wurde so weggetragen.

Ende des 13. Jahrhunderts berichtete Marco Polo von Einwohnern Madagaskars, die einen Riesenvogel namens „Rukh" beschrieben. Marco Polo hielt diesen Vogel fälschlich für einen Greif.

Heute glauben Kryptozoologen, dass der Vogel Roch von dem mittlerweile ausgestorbenen Elefantenvogel *Aepyornis maximus* abstammt.

Auf dieser Zeichnung siehst Du, wie Sindbads Schiff von zwei Riesenvögeln angegriffen wird

Der Elefantenvogel

Dieser Vogel, der etwas an einen Strauß erinnert, soll schon seit über 1 000 Jahren ausgestorben sein, doch erst im 19. Jahrhundert fand man versteinerte Überreste dieser Art in Madagaskar. Er hatte lange Beine und kurze Zehen, der Flugapparat war fast vollständig zurückgebildet. Auf seinem langen Hals befand sich ein relativ kleiner Kopf. Fliegen konnte er nicht, dazu war er zu groß (bis zu 3 Meter!) und zu schwer (er soll über 400 Kilogramm gewogen haben!). Gefunden wurden auch Eierschalen und sogar komplette versteinerte Eier, die einen Umfang von bis zu einem Meter haben und 34 cm lang sind.

Ein Ei des ausgestorbenen Elefantenvogels im Vergleich mit einem Hühnerei

Der Donnervogel

Der gewitterliebende Vogel

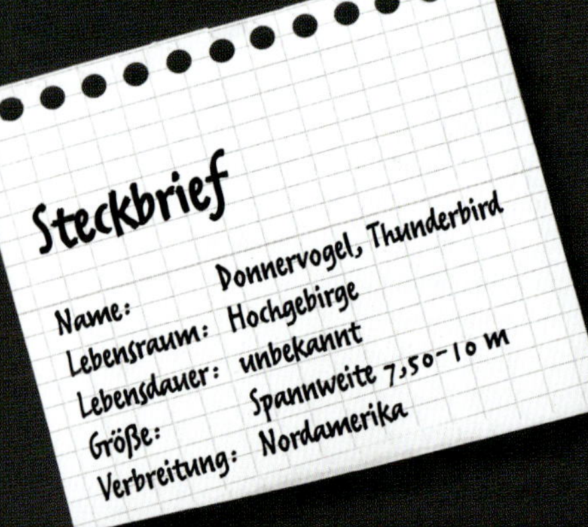

Donnervögel sind mächtige und gewaltige Vögel, die in Nordamerika beheimatet sind. Beinahe jeder indianische Stamm kennt sie, allerdings in unterschiedlichen Gestalten. Für die einen haben sie das Aussehen eines gewaltigen Raben, für andere das eines Adlers oder sogar eines Truthahns. Donnervögel oder in der englischen Sprache „Thunderbirds" kann man oft auf Bildern und auf Totempfählen sehen. Die indianische Stammesgruppe der Lakota nennt ihn „Wakinyan", das bedeutet so viel wie „heilige Schwingen".

Wenn sich der riesige Vogel in die Lüfte schwingt, löst er mit dem Schlagen seiner Flügel Stürme aus, die Wolken ballen sich zusammen, Donner ertönt. Die leuchtenden Schlangen, die er mit sich trägt, strahlen wie Blitze. Der Donnervogel soll über die magische Fähigkeit verfügen, elektrische Entladungen zu erzeugen, mit denen er seine Beute betäubt und tötet.

Indianergeschichten

Der Thunderbird steht bei den Indianern für Veränderungen. Die Stammesältesten erzählen der jüngeren Generation Geschichten über den Thunderbird, um ihnen die Natur verständlich zu machen.

Der Sioux-Medizinmann John Lame Deer erzählt dazu 1969 folgende Geschichte:

Wakinyan Tanka, der große Thunderbird, lebt in seinem Tipi auf einem Berg im heiligen Paha Sapa, den Black Hills. Die Weißen nennen es Harney Peak, aber ich glaube nicht, dass er dort lebt, seit die Wasichu, die Weißen, diese Hügel zu einem riesigen Disneyland gemacht haben. Nein, ich denke, die Donnerwesen haben sich bis zum äußersten Ende der Erde zurückgezogen, wo die Sonne untergeht, wo es keine Touristen oder Hot Dogs gibt. Der Wakinyan hasst alles, was dreckig ist. Er liebt, was sauber und rein ist. Seine Stimme ist der große Donnerschlag, und die kleineren rollenden Donner, die seinen dröhnenden Rufen folgen, sind die Schreie seiner Kinder, der kleinen Donnervögel.

Es gibt vier große, alte Thunderbirds. Der Große Wakinyan des Westens ist der erste und wichtigste unter ihnen. Er ist in Wolken gekleidet. Sein Körper hat keine Form, aber er hat riesige, viergliedrige Flügel. Er hat keine Füße, aber enorme Krallen. Er hat keinen Kopf, sondern einen großen, scharfen Schnabel mit Reihen von großen, spitzen Zähnen. Seine Farbe ist schwarz. Der zweite Wakinyan des Nordens ist rot. Der dritte Thunderbird des Ostens ist gelb. Der vierte Thunderbird des Südens ist weiß, obwohl einige sagen, dass seine Farben blau sind. Dieser hat keine Augen oder Ohren, aber er kann sehen und hören. Wie das sein kann, ist ein Rätsel. Von Zeit zu Zeit erhascht ein heiliger Mann in seinen Träumen einen Blick auf einen Wakinyan, aber immer nur einen Teil davon. Niemand sieht die Thunderbird jemals ganz, nicht einmal in einer Vision, also ist die Art, wie wir einen Thunderbird sehen, aus vielen Träumen und Visionen zusammengesetzt.

Lange bevor Amerika von weißen Siedlern eingenommen wurde zeichneten die Indianer Donnervögel in Felsen und Höhlen

Donnervögel sollen intelligent und sehr zornig sein, weshalb man sie besser meiden sollte.

Es gibt Berichte von kanadischen Indianern, die von einer besonderen Gattung der Donnervögel handeln. Diese sind in der Lage, ihre Schnäbel wie Masken abzulegen und aus ihrem Federkleid zu schlüpfen, um dann in Menschengestalt umherzugehen. Sie können Einheimische heiraten und Familien gründen. Es gibt viele Familien, die ihren Ursprung darauf zurückführen. Auch soll es noch einen reinrassigen Stamm der Donnervögel geben, der jedoch zurückgezogen in Menschengestalt an der Nordspitze von Vancouver lebt. Wenn sie verärgert werden, können sie ihre ursprüngliche Gestalt annehmen und Rache üben.

Reptilien

Die bekanntesten ausgestorbenen Reptilien sind wohl die Dinosaurier. Sicherlich kennst Du die eine oder andere Art, zum Beispiel *Tyrannosaurus rex*? Die Dinosaurier starben vor etwa 65 Millionen Jahren aus – mit Ausnahme der Vögel, ihrer Nachfahren. Noch heute aber finden wir versteinerte Überreste dieser Tiere.

Auf der Erde gibt es viele Plätze, an denen sich vollkommen unentdeckte Arten befinden können. Da sind unerforschte Gebiete im Regenwald und stille, tiefe und abgeschiedene Gewässer. Warum sollte es also nicht noch lebende Vertreter der Dinosaurier geben? Vielleicht stecken sie ja hinter den Drachen und Seeungeheuern aus Märchen, Mythen und Geschichten?

Drachen – die bekanntesten Fabelwesen der Welt

Drachen sind wohl die ältesten und bekanntesten Fabelwesen der ganzen Welt. Überall kennt man sie, doch überall sehen sie unterschiedlich aus. Bei uns in Europa zum Beispiel sind echte Drachen gefährlich, sie töten jeden, der auch nur in ihre Nähe kommt.

Der Name „Drache“ stammt vom griechischen Wort „drakon“ ab, das bedeutet „Schlange“ oder eigentlich „der starr Blickende“. Drachen haben oft einen Schlangenkörper, verbunden mit den Eigenschaften anderer Tiere. Auf ihren schuppigen Körpern mit einem harten Krokodilsbauch sitzt ein Kopf (oder manchmal auch drei oder sogar sieben!), der dem anderer Tiere gleicht, ein Krokodilskopf, ein Löwen- oder Pantherkopf oder sogar ein wolfsähnlicher Kopf. Ihre zwei oder vier Beine haben Tatzen von Raubkatzen oder Klauen eines Adlers. Ihre Flügel können eine riesige Spannweite erreichen, sie gleichen denen eines Raubvogels oder einer Fledermaus. Einige Drachen haben allerdings nur unterentwickelte kleine Flügelchen, so wie der Lindwurm.

Drachen haben einen durchdringenden Blick und feurigen Atem, können oftmals Feuer spucken. Ihre Farbe variiert auch sehr stark, so sind Wasserdrachen eher blau, Feuerdrachen leuchtend rot, Eisdrachen weiß. Asiatische Drachen leuchten sogar in allen Farben!

Seeungeheuer – Schlangenwesen aus der Tiefe

Zwei Drittel der Erdoberfläche bestehen aus Wasser, bis zu 11 000 Meter sind die Ozeane tief. Über diese Tiefen wissen die Wissenschaftler kaum etwas. Immer wieder gibt es Berichte über riesige, schlangenhafte Geschöpfe, die aus der Tiefsee kommen und bis zu 60 Meter lang sind. Früher hat man diese Schlangen oft im Mittelmeer gesehen, heute sind sie nur noch in den entlegendsten Winkeln der Ozeane oder in versteckten Seen zu finden. Ganz bekannt sind die Midgardschlange aus der germanischen Mythologie und Nessie, das Ungeheuer von Loch Ness.

Schätze

Drachen hüten oft große Schätze. Früher, als die Drachen noch mit Menschen zusammenlebten, waren sie gute Wächter, da sie besonders scharf sehen konnten und über unglaubliche Kräfte verfügten. Doch mit der Zeit verschlechterte sich das Verhältnis zwischen Mensch und Drache. Drachen meiden heute die Menschen und hüten ihre eigenen Schätze in großen Höhlen. Aufgrund dieser Vorliebe wurden die Drachen aber von Menschen gejagt, die ihre Schätze erobern wollten.
In Europa wurden Drachen fast ausgerottet. In Asien geschah dies nicht, denn dort sind Drachen ja Glückswesen, die man verehrt.

Amphisbaena

Der zweiköpfige Schlangendrache

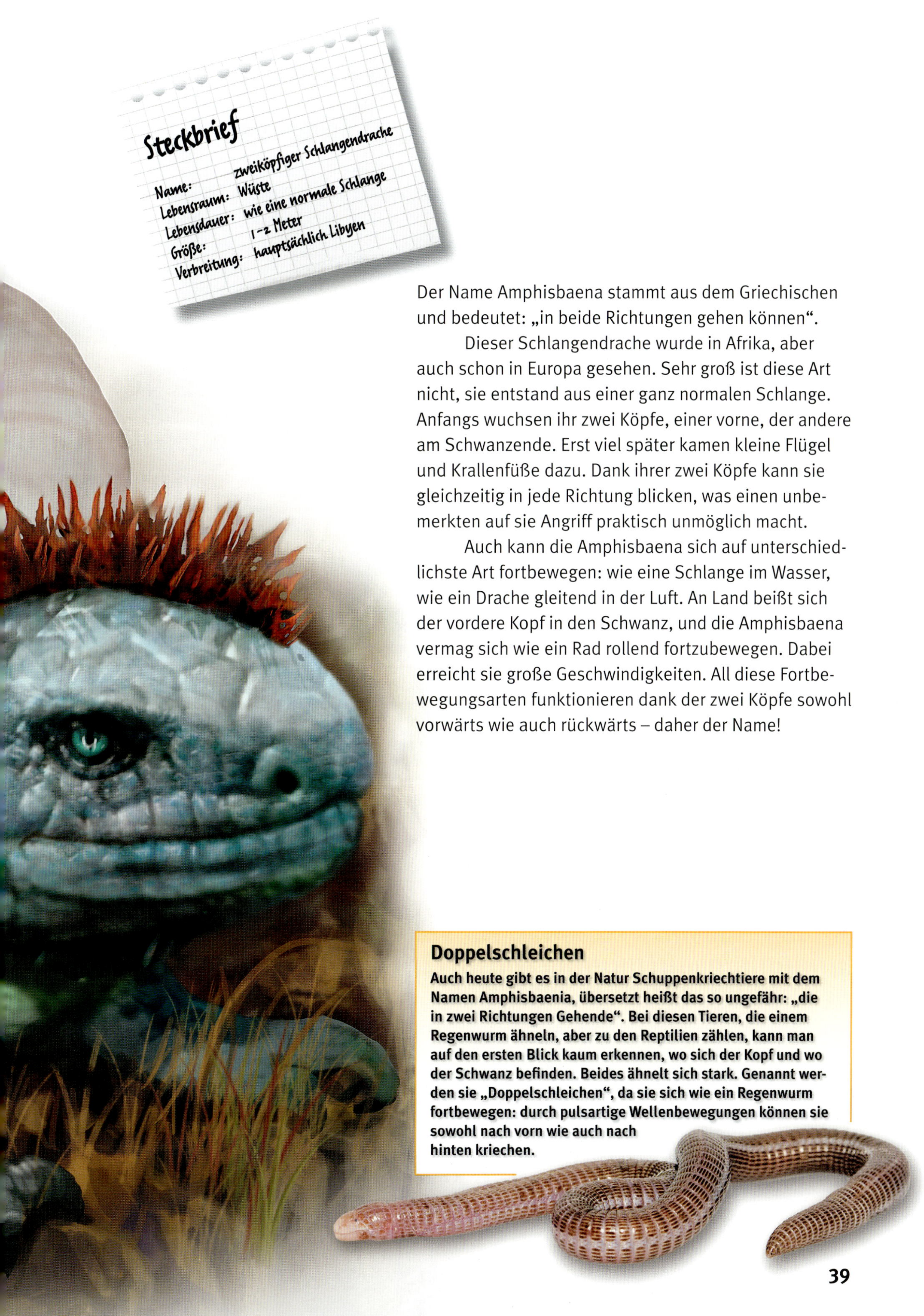

Der Name Amphisbaena stammt aus dem Griechischen und bedeutet: „in beide Richtungen gehen können".

Dieser Schlangendrache wurde in Afrika, aber auch schon in Europa gesehen. Sehr groß ist diese Art nicht, sie entstand aus einer ganz normalen Schlange. Anfangs wuchsen ihr zwei Köpfe, einer vorne, der andere am Schwanzende. Erst viel später kamen kleine Flügel und Krallenfüße dazu. Dank ihrer zwei Köpfe kann sie gleichzeitig in jede Richtung blicken, was einen unbemerkten auf sie Angriff praktisch unmöglich macht.

Auch kann die Amphisbaena sich auf unterschiedlichste Art fortbewegen: wie eine Schlange im Wasser, wie ein Drache gleitend in der Luft. An Land beißt sich der vordere Kopf in den Schwanz, und die Amphisbaena vermag sich wie ein Rad rollend fortzubewegen. Dabei erreicht sie große Geschwindigkeiten. All diese Fortbewegungsarten funktionieren dank der zwei Köpfe sowohl vorwärts wie auch rückwärts – daher der Name!

Doppelschleichen

Auch heute gibt es in der Natur Schuppenkriechtiere mit dem Namen Amphisbaenia, übersetzt heißt das so ungefähr: „die in zwei Richtungen Gehende". Bei diesen Tieren, die einem Regenwurm ähneln, aber zu den Reptilien zählen, kann man auf den ersten Blick kaum erkennen, wo sich der Kopf und wo der Schwanz befinden. Beides ähnelt sich stark. Genannt werden sie „Doppelschleichen", da sie sich wie ein Regenwurm fortbewegen: durch pulsartige Wellenbewegungen können sie sowohl nach vorn wie auch nach hinten kriechen.

Lindwurm

Der fluguntaugliche Schlangendrache

Steckbrief

Name: Lindwurm
Lebensraum: Höhle
Lebensdauer: langlebig
Größe: bis zu 40 Meter
Verbreitung: Deutschland, England

Lindwürmer haben oft nur kleine, schwach ausgebildete Flügelchen. Aber selbst wenn sie mächtige Schwingen besitzen, sind sie damit kaum in der Lage zu fliegen. Auch besitzen sie meist nur zwei kurze Beine. Aber der riesige Schlangenkörper ist mit harten Schuppen besetzt und macht ihn damit fast unverletzbar. Sein Maul ist groß wie das eines Krokodils, und seine vielen Zähne übertragen beim Biss Gift. Meist reihen sich entlang seines Rückens gefährliche Stachel.

Der Lindwurm ist bösartig. Er ist gierig und sammelt seine Goldschätze in seiner Höhle, die er argwöhnisch bewacht. Trinkt man das Blut eines Lindwurms, so ist man in der Lage, die Sprache der Tiere zu verstehen.

Das Nibelungenlied

Eine sehr bekannte Sage aus dem 12. Jahrhundert ist die Heldengeschichte aus dem Nibelungenlied von Siegfried, dem Drachentöter. Siegfried war ein Königssohn, ungeduldig und voller Tatendrang. Als er von einem gefährlichen Drachen hörte, dem Lindwurm Fafnir, zog er los, um ihn im Kampf zu besiegen. Viele hatten es vor ihm versucht, niemandem war es gelungen. Auch Siegfried schaffte es erst nach langem Kampf, sein Schwert in den ungeschützten Drachenbauch zu stoßen. Der Held badete anschließend in dem Drachenblut und wurde dadurch unverwundbar. Nur an seiner Schulter, auf die ein Lindenblatt gefallen war, blieb eine kleine Stelle ungeschützt. An dieser Stelle drang später die Lanze seines Gegenspielers Hagen ein und tötete ihn.

Alaaf und Helau!!!!!
In einigen Städten heißt der Rosenmontags- oder Faschingsumzug „Lindwurm“. „Der Lindwurm zieht durch die Stadt!“, wird gejubelt. Warum ein Umzug so heißt, ist nicht schwer zu erraten: Natürlich weil er so bunt und lang ist wie ein Lindwurm!

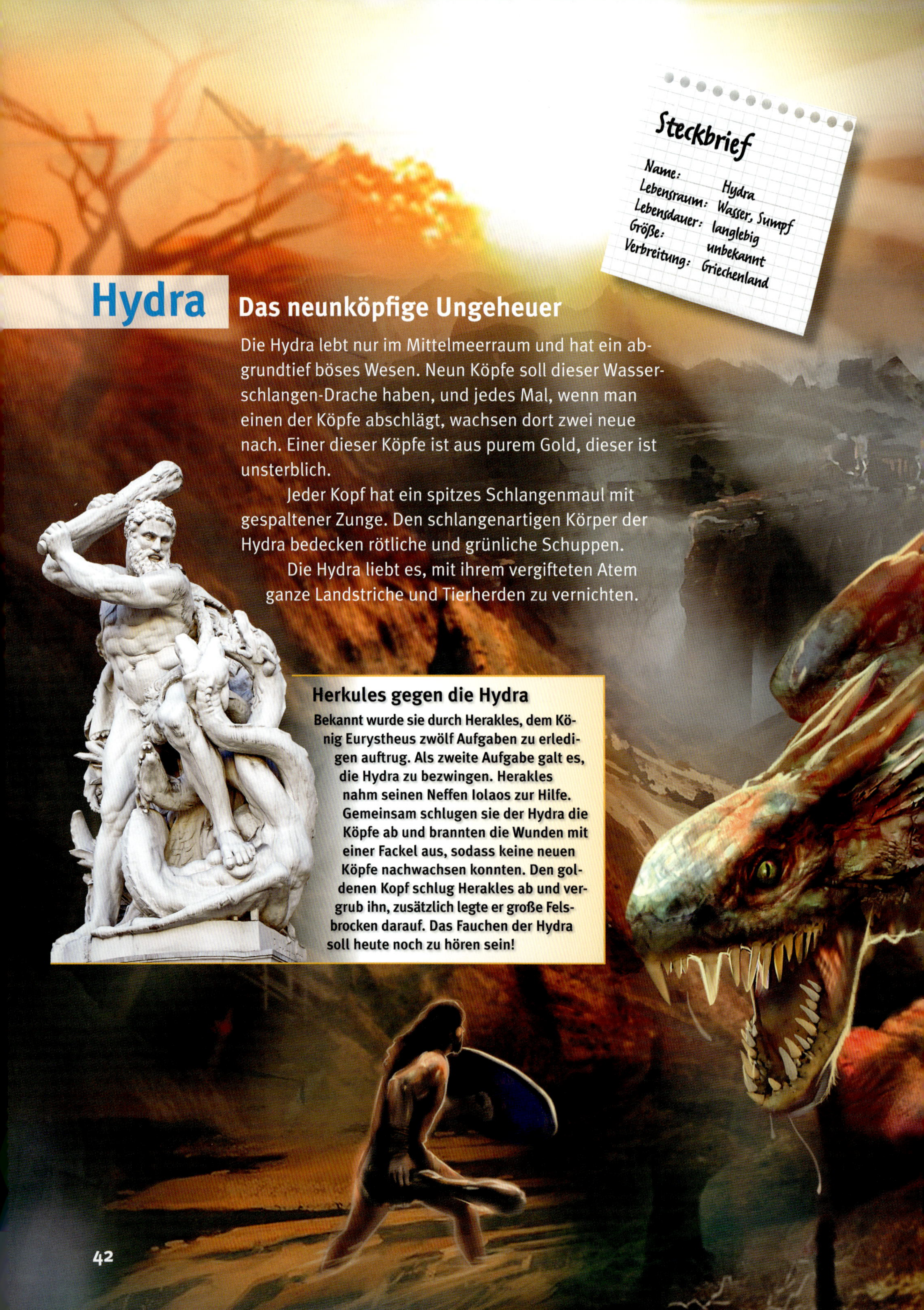

Hydra

Das neunköpfige Ungeheuer

Die Hydra lebt nur im Mittelmeerraum und hat ein abgrundtief böses Wesen. Neun Köpfe soll dieser Wasserschlangen-Drache haben, und jedes Mal, wenn man einen der Köpfe abschlägt, wachsen dort zwei neue nach. Einer dieser Köpfe ist aus purem Gold, dieser ist unsterblich.

Jeder Kopf hat ein spitzes Schlangenmaul mit gespaltener Zunge. Den schlangenartigen Körper der Hydra bedecken rötliche und grünliche Schuppen.

Die Hydra liebt es, mit ihrem vergifteten Atem ganze Landstriche und Tierherden zu vernichten.

Herkules gegen die Hydra

Bekannt wurde sie durch Herakles, dem König Eurystheus zwölf Aufgaben zu erledigen auftrug. Als zweite Aufgabe galt es, die Hydra zu bezwingen. Herakles nahm seinen Neffen Iolaos zur Hilfe. Gemeinsam schlugen sie der Hydra die Köpfe ab und brannten die Wunden mit einer Fackel aus, sodass keine neuen Köpfe nachwachsen konnten. Den goldenen Kopf schlug Herakles ab und vergrub ihn, zusätzlich legte er große Felsbrocken darauf. Das Fauchen der Hydra soll heute noch zu hören sein!

Long

Der chinesische Glücksdrache

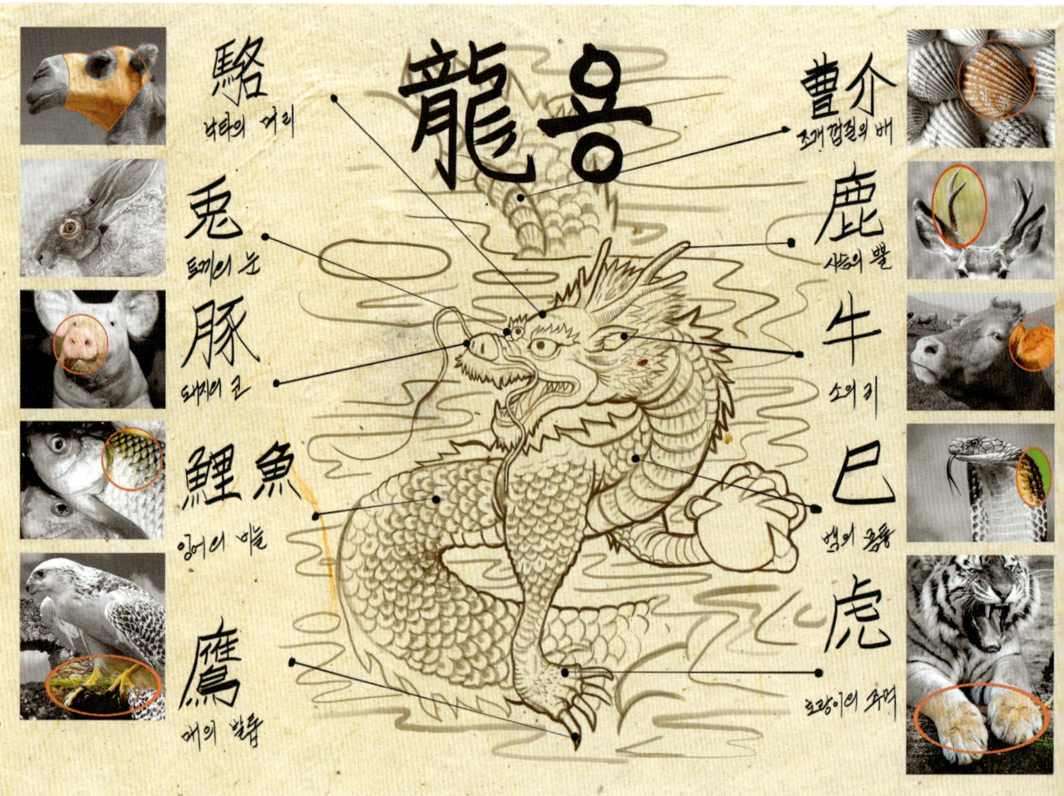

In Asien ist es genauestens vorgeschrieben, wie der Drache Long aussieht: Er besteht aus vielen einzelnen Teilen existierender Tiere, so hat er zum Beispiel die Schnauze eines Schweines, die Krallen eines Greifvogels, Rückenschuppen der Schlange, Ohren der Kuh, die Unterseite seines Schwanzes ist muschelartig.

Auch in Asien gibt es Drachen. Im Gegensatz zu unseren westlichen Exemplaren sind diese Drachen aber viel friedlicher. Es bedeutet Glück, wenn man eines der riesigen Geschöpfe am Himmel sieht!

Der Schlangenkörper des Drachen Long zum Beispiel ist von goldenen Schuppen bedeckt. Er hat vier Beine mit Adlerklauen und kann sich auch in der Luft fortbewegen. Am Kopf trägt er ein Hirschgeweih. Long ist ziemlich behaart, hat einen kleinen Bart, und auch neben seiner Nase wachsen kleine Bartzöpfe. Auf seinem Rücken befindet sich eine rote, volle Mähne. Der chinesische Drache kann aber auch seine Gestalt wechseln, um andere tierische oder menschliche Formen anzunehmen.

Die weltberühmte chinesische Mauer ist kein Hindernis für Long, denn er kann sich auch in der Luft fortbewegen

Steckbrief

Name: Long
Lebensraum: Luft, Himmel
Lebensdauer: unsterblich
Größe: unterschiedlich, je nach Gestalt
Verbreitung: Asien

Die magische leuchtende Perle

Im alten China soll es einen Jungen gegeben haben, der, um seine Familie zu unterstützen, frisches Gras für die fürstlichen Pferde gesammelt hat. Doch dann kam eine große Dürre und der Junge fand kaum noch Gras. Ein weißer Hase tauchte auf und der Junge folgte ihm. Dabei entdeckte er eine große Fläche voll mit frischem saftigen Gras. Von nun an ging er jeden Tag den weiten Weg und holte Gras. Dann kam er auf die Idee, etwas auszugraben und bei sich zu Hause anzupflanzen, dann müsste er nicht mehr so weit laufen. Beim Graben fand er eine leuchtende Perle im Boden. Diese nahm er mit und versteckte sie zu Hause in einer fast leeren Reisschale. Er pflanzte die Grasbüschel ein, doch am nächsten Tag war alles verdorrt. Aber die Reisschale quoll über mit frischen Reis! Die Familie hatte von nun an immer genug zu essen, auch die Nachbarn und Freunde wurden satt. Davon hörte auch der Fürst, und er wollte die Perle besitzen. Der Junge aber wollte die Perle behalten und schluckte sie einfach herunter. Nun erfüllte ihn eine große Hitze und er bekam unsagbaren Durst. Er rannte zum Fluss hinuter und trank und trank und trank, dann stürzte er sich ganz in die Fluten und trank immer mehr. Der Fürst und seine Soldaten folgten ihm, aber aus den Fluten trat nicht mehr der kleine, verletzliche Junge, sondern ein riesiger, goldener Drache. Dieser verspritzte so viel Wasser, dass alles überschwemmt wurde und nun nach der Dürre wieder fruchtbar war. Ab diesem Tag sorgte der goldene Drache für genügend Wasser und fruchtbare Felder.
Manchmal kannst Du diesen Drachen in den Wolken sehen, wie er fröhlich umherjagt und mit einer leuchtenden Perle spielt!

Dracheneier sind etwa so groß wie ein Hühnerei, aber gemustert wie ein Stein. Bis zu 1 000 Jahre dauert es, bis aus dem Ei ein kleines Wesen schlüpft. 500 Jahre braucht es, bis es zu einem Kiao geworden ist: Nun sieht das Wesen aus wie eine normale Schlange, aber mit einem karpfenähnlichen Kopf.
In den nächsten 1 000 Jahren wachsen dem Drachen Schuppen, Bart und Beine. Nun wird er Chilóng (Hornloser Drache) genannt. Weitere 500 Jahre braucht er, um Hörner zu entwickeln, und heißt nun Qui Lóng, gehörnter Drache. Abermals 1 000 Jahre vergehen, bis der Drache erwachsen ist.

Midgard

Die germanische Seeschlange

Die Midgardschlange, auch Jörmungandr genannt, stammt vom germanischen Gott Loki und einer Riesin ab. Es gab eine Prophezeiung, in der angekündigt wurde, dass Jörmungandr böse sei, die Weltmeere vergiften und so alles verseuchen werde. Die junge Schlange wurde ins Meer geworfen. Dort wuchs sie auf und wuchs so lange, bis sie sich einmal um die Erde winden und sich selbst in den Schwanz beißen konnte. Man sagt, Ebbe und Flut entstehen durch das Aus- und Einatmen dieser Schlange. Nach zwei vergeblichen Versuchen gelang es schließlich dem Gott Thor, sie mit seinem Hammer zu erschlagen, bevor er selbst an ihrem Gift starb.

Steckbrief

Name: Midgardschlange
Lebensraum: Meeresboden
Lebensdauer: langlebig
Größe: kann die Erde umrunden
Verbreitung: Nordeuropa

Schon seit alters wurde immer wieder darüber berichtet, dass im Meer riesenhafte Schlangen gesehen worden seien. Später gab es sogar schriftliche Berichte und Zeichnungen darüber. Auch Conrad Gesner beschrieb sie in seinem Werk „Historia Animalium“.

Heute erklärt man sich solche Sichtungen mit Schwärmen von Haien oder Delfinen, die aus weiter Ferne wie eine Seeschlange aussehen, oder auch mit der Verwechslung mit anderen Tieren, etwa einem Riemenfisch.

Der Riemenfisch

Dieser seitlich abgeflachte Fisch wird bis zu 8 Meter lang. Er hat einen schlangenartigen Körper mit einer lang gestreckten Rückenflosse, die einer Mähne ähnelt.
Mit einem ferngesteuerten Tauchboot gelang es im Jahr 2008 erstmals, einen Riemenfisch in seiner natürlichen Umgebung zu filmen.
Es ist gut vorstellbar, dass früher lebende Seeleute einen solchen Fisch für eine riesige Seeschlange hielten, wenn sie einen im Meer oder angespült am Strand entdeckten.

Nessie Das Ungeheuer von Loch Ness

Nessie sieht aus wie ein Plesiosaurier. Diese Meeresreptilien, Zeitgenossen der Dinosaurier, konnten bis zu 15 Meter lang werden. Sie hatten einen langen Hals mit einem kleinen Kopf.

Schon im Jahr 565 wurde zum ersten Mal ein Seeungeheuer in Loch Ness gesichtet. Seitdem gab es immer wieder Berichte von unbekannten, riesigen Tieren. So richtig berühmt wurde Nessie aber erst 1933, da erschien sogar ein Bericht in der lokalen Zeitung. Und ein Jahr später gab es sogar ein Foto von Nessie! Dieses wurde aber später als Fälschung erkannt.

Der Loch Ness

„Loch" ist irisch, schottisch und schottisch-gälisch für See. Loch Ness befindet sich in Schottland nahe der großen Stadt Inverness. Es ist der zweitgrößte See Schottlands. Vor mehreren tausend Jahren befand sich an dieser Stelle ein Gletscher. Dieser schmolz mit der Zeit und hinterließ einen riesigen, langen und sehr tiefen See. Er ist 37 Kilometer lang, aber durchschnittlich nur 1,5 Kilometer breit. An den tiefsten Stellen könnte man 230 Meter abtauchen. In diesem See befinden sich somit Unmengen Wasser, kein anderer See in ganz Schottland hat so ein großes Wasservolumen wie Loch Ness!

Immer wieder wurde Nessie nun gesehen und auch fotografiert. Alle Fotografien erwiesen sich im Nachhinein als Fälschung oder optische Sinnestäuschung. Was sich anfangs wie ein Seeungeheuer darstellte, war dann in Wirklichkeit nur ein schwimmender Baumstamm oder ein Boot. Die ganze Welt war hinter Nessie her, jeder wollte die Existenz beweisen. Doch bis heute ist Nessie ein Fabelwesen!

Mit etwas Fantasie sehen diese Stämme wie ein Seeungeheuer aus

Säugetiere

Säugetiere sind uns vertraut, wir sind selber letztlich Säugetiere. Wir wachsen im Bauch unserer Mutter heran, werden lebendig geboren und von der Mutter mit ihrer Milch ernährt. Menschen leben mit Säugetieren zusammen und haben Haus- und Heimtiere wie Kuh, Schwein, Schaf, Pferd, Hund, Katze, Kaninchen oder Meerschweinchen.

Säugetiere sind gut erforscht, und trotzdem gibt es auch bei ihnen unerklärliche Fabelwesen. Sehr oft begegnen uns dabei hundeartige Wesen.

Da gibt es zum Beispiel den Crocotta. Er lebt in Äthiopien und Indien und ist schrecklich böse. Die Gestalt ähnelt sowohl einem Wolf als auch einem Hund. Er hat ein fürchterliches Gebiss mit Kämmen statt Zähnen, mit denen er alles zermalmen kann. Sein Fell ist nachtgrau. Er kann die Stimmen von Menschen nachahmen und sie so zu sich locken und verspeisen. Man findet ihn immer in der Nähe menschlicher Siedlungen und von Friedhöfen.

Die Sage um Fenrir:

Der riesige Wolf wird von den Göttern mit einer magischen Kette gefesselt, aber im Ragnarök, dem dreijährigen Kampf zwischen Göttern und Riesen, wird er sich befreien und die Welt zerstören.

Fenrir ist ein Wolfswesen aus Nordeuropa. Da er von derselben Riesin abstammt, die auch die Midgardschlange gebar, ist er unheimlich groß, größer als jeder Mensch. Sein Fell ist grauschwarz, er hat leuchtend gelbe Augen.

Kerberos lebt in Griechenland und wird als Höllenhund beschrieben. Auf seinem riesigen, schwarzen Körper sitzen drei geifernde Köpfe mit rot glühenden Augen und gelben Reißzähnen. Statt Haare ringeln sich auf den Köpfen Schlangenleiber. Aus den Mäulern trieft ihm ständig giftiger, schwarzer Speichel. Der Kerberos soll die Unterwelt bewachen und niemanden herauskommen lassen.

In England gibt es den Schwarzen Hund. Er sieht aus wie ein normaler Hund, ist allerdings etwas größer und hat glühende Augen. Meist erscheint er in Gewitternächten auf Friedhöfen, in alten Kirchen oder auf einsamen Wegen. Wenn man ihn sieht, gilt er als Todesbote.

Aber auch Pferde gehören zu den Fabelwesen der Säugetiere. Neben unserem europäischen Einhorn (siehe Seite 54) gibt es zum Beispiel das asiatische Qilin. Dieses Einhorn hat einen Ochsenkörper und einen Drachenkopf mit Hirschgeweih. Es soll sehr friedliebend und sanftmütig sein. Lässt es sich bei den Menschen blicken, kündet es einen neuen Herrscher oder die Geburt einer wichtigen Person an.

Auch in Persien gibt es Einhörner, doch sind sie nicht so friedlich wie unsere oder die asiatischen. Karkadann heißen sie, sie haben die Körper eines Stieres mit schwarzer, schuppiger Haut. Sie trampeln alles nieder, was ihnen im Weg steht, ob Pflanzen, Tiere oder Menschen. Ihr Horn soll eine ähnliche Wirkung wie das des europäischen Einhorns haben.

Der dreiköpfige Kerberos bewacht die Unterwelt der alten Griechen

Pegasus

Das geflügelte Pferd

Der Pegasus entstammt der griechischen Mythologie. Er soll strahlend weiß sein und goldene Flügel besitzen. Pegasus ist das Kind des Meeresgottes Poseidon und der Gorgone Medusa. Eine Gorgone war ein geflügeltes Wesen mit lebendigen Schlangen auf dem Haupt. Poseidon war allerdings mit Athene verheiratet, und deren Sohn Perseus schlug Medusa den Kopf ab. Aus Medusas Nacken sprang der komplett entwickelte Pegasus. Er flog sofort in die Lüfte und siedelte sich auf dem Berg Helikon in Griechenland an. Dort schlug er mit seinen Hufen einen Durchbruch zur Quelle Hippokrene. Wer von diesem Wasser trinkt, ist anschließend in der Lage, poetische, also dichterische Schriften zu verfassen.

Pegasus war immer ein treuer Diener des Göttervaters Zeus. Als wichtigste Aufgabe trug er für ihn Blitz und Donner.

Nicht nur in Griechenland gab es den Pegasus. Diese Abbildungen zeigen das bekannte geflügelte Pferd in Irland (links), Kolumbien (Mitte) und in Polen (rechts)

Steckbrief

Name: Pegasus
Lebensraum: Himmel
Lebensdauer: unsterblich
Größe: 1,80 m Schulterhöhe, 5,50 m Flügelspannweite
Verbreitung: Griechenland

In einer alten griechischen Sage trug Pegasus den Helden Bellerophon im Kampf mit einer feuerspeienden Chimäre zum Sieg. Bellerophon soll versucht haben, mit Pegasus in den Olymp, die Heimat der Götter, zu fliegen, doch Zeus verhinderte dies. Pegasus flog alleine in den Olymp und stand dort den Göttern zur Seite. Als Dank für seine treuen Dienste erhob Zeus ihn in den Himmel und schenkte ihm ein eigenes Sternenbild, das man auch heute noch am nächtlichen Himmel sehen kann.

Eine iberische Münze aus dem zweiten Jahrhundert vor Christus

Einhorn

Das edle Pferd mit dem magischen Horn

Das Einhorn wird schon in der Zeit vor Christus erwähnt, im Mittelalter wurde es durch den Physiologus bekannt. Unser europäisches Einhorn hat den Körper eines Pferdes. Es besitzt ein weißes, seidiges Fell und ein gerades, aber in sich gedrehtes, meist 40 Zentimeter langes Horn auf der Stirnmitte.

Einhörner sind Einzelgänger, sie meiden andere Tiere und Menschen. Zurückgezogen leben sie in Wäldern und auf Lichtungen. Meist ist ein tiefer, klarer See in ihrem Bereich, denn Einhörner lieben es, darin ihr Spiegelbild zu betrachten. Es sind sanftmütige Tiere, mit sich im Reinen, sie behüten ihre Umgebung und die Lebewesen und stellen die Harmonie zwischen Natur und Lebewesen her.

Man sagt, ihr Horn habe magische Kräfte. Es wächst dem Einhorn erst langsam im Laufe seines Lebens. Bricht es ab, kann es innerhalb von zehn Jahren nachwachsen. Dieses Horn dient dem Einhorn bei Kämpfen als Waffe, denn als Pflanzenfresser ist es in Gefahr, von Raubtieren angegriffen zu werden.

Aber das Horn nützt nicht nur bei der Verteidigung. Es heißt, wenn man Tote mit diesem Horn berührt, werden sie wieder lebendig. Pulver aus dem Horn soll vergiftetes Wasser wieder genießbar machen. Trinkt man aus einem Einhorngefäß, wird man unempfindlich gegen Krankheiten und Vergiftungen.

Narwale sind vier bis fünf Meter groß und leben in arktischen Gewässern, immer in der Nähe von Packeis. Das gedrehte „Horn“ des Wals ist ein Eckzahn, der durch die Oberlippe bricht. Dieser Zahn kann bis zu drei Meter lang werden!

Aus diesen Gründen wurden die Einhörner bis fast zur Ausrottung gejagt. Einhorn-Hörner waren beliebt und begehrt, Könige und Herrscher besaßen sie. Auch heute gibt es noch einige Exemplare – doch meistens wurden sie später als Zähne eines Narwals identifiziert.

Wollte man ein Einhorn fangen, musste man einen Trick anwenden. Die Tiere sind ja sehr scheu und lassen sich nie blicken. Nun fühlen sich Einhörner aber angezogen von der Unschuld und der Reinheit von Jungfrauen. Sie kommen zu ihnen, legen ihren Kopf in deren Schoß und schlafen ein. Jäger nahmen also schöne Jungfrauen mit auf die Jagd und lockten so die Einhörner an, die sie nun problemlos fangen oder ihnen das wertvolle Horn absägen konnten.

Das Einhorn als Nationaltier Schottlands

Einhörner sollen stolz, wild, freiheitsliebend, aber trotzdem rein und wunderschön sein. Die Schotten drückten damit ihre Ideale aus, sie wollten lieber sterben als in Gefangenschaft geraten. Doch freie Einhörner sollen gefährlich sein, daher sieht man sie immer mit goldenen Ketten und Halsbändern, als Zeichen ihrer Gefangenschaft und Treue. Die früheste Abbildung des Einhorns in Verbindung mit Schottland stammt aus dem 15. Jahrhundert

Steckbrief

Name: Einhorn
Lebensraum: Wald
Lebensdauer: 40–60 Jahre
Größe: bis 1,80 m Schulterhöhe
Verbreitung: Europa

Dieses Glasfenster mit einem Einhorn befindet sich in der St Edmund‘s Parish Church in Norfolk

Das Einhorn in der Bibel

Als das Alte Testament noch vor Christi Geburt vom Hebräischen ins Griechische übersetzt wurde, stieß man immer wieder auf den Namen „Re‘em“, der für ein kräftiges, wildes Tier stand. Niemand wusste, was das war, und schließlich einigte man sich auf das Wort „Einhorn“. Vielleicht hatte man uralte Wandbemalungen gesehen, die unbekannte Tiere im Profil, also von der Seite zeigten, mit nur einem Horn – das andere war ja nicht zu sehen, es war verdeckt. Heute weiß man, dass es sich bei dem kräftigen, wilden Tier um einen Auerochsen handelte, den ausgestorbenen Vorfahren unserer Hausrinder.

Auch in Verona, Italien, kann man ein Einhorn auf einem Fresco Fresco von Giovanni Maria Falconetto in der Kirche San Pietro Martire finden

Hybriden

Hast du schon einmal von Hybriden gehört? Dieser Begriff kommt heute sehr oft vor. „Hybride“ kommt aus dem Lateinischen und bedeutet „Mischling“. Hybriden sind also eine Mischung oder eine Kreuzung zwischen verschiedenen Gattungen, Arten, Rassen oder Sorten. Es gibt sie sowohl in der Pflanzen- als auch in der Tierwelt.

Heutzutage werden diese Hybriden richtig gezüchtet, besonders bei Nutzpflanzen wie Getreide, Gemüse und Obst. Dafür werden sozusagen aus mehreren verschiedenen Sorten die besten Gene zusammengetan, und eine Hybridpflanze entsteht. Diese trägt vielleicht besonders viele Körner oder Früchte, ist außergewöhnlich groß und widerstandsfähig.

In der Tierwelt gibt es viele Hybriden aus nah miteinander Arten. Wenn man Pferd und Esel miteinander verpaart, erhält man Maulesel und Maultiere. Bekannt sind auch Camas, eine Kreuzung aus Kamel und Lama; Schiegen aus Schaf und Ziege; Liger oder Töwe aus Löwe und Tiger. Es gab einen Pudelwolf, der Vater war ein Königspudel, die Mutter eine Wölfin. „Motty“ war ein Elefant, halb Afrikanischer, halb Indischer. Im Osnabrücker Zoo gibt es Hybrid-Bären: Tips und Taps haben einen Eisbärvater und eine Braunbärmutter.

Noch nie wurde ein Hippokampus gesehen, doch in den meisten Zeichnungen und Skulpuren ist es das Reittier des Meeresgottes.

Die Kryptozoologie beschäftigt sich auch mit Hybriden. Diese Hybriden sind aber ganz besonders. Es sind keine Kreuzungen aus artverwandten Tieren, sondern aus ganz unterschiedlichen.

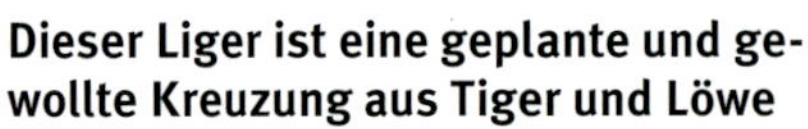

Dieser Liger ist eine geplante und gewollte Kreuzung aus Tiger und Löwe

In Südosteuropa sah man schon einen Mantikora. Er gleicht einem Löwen, hat aber einen skorpionähnlichen Schwanz mit giftigen Stacheln, Fledermausflügel und ein menschenähnliches Gesicht.

Chimären sind Hybriden aus Ziege, Löwe und Schlange. Von jedem dieser Tiere besitzt die Chimäre einen Kopf: Der Löwenkopf sitzt vorn, an der Seite der Ziegenkopf, am Schwanzende der Schlangenkopf.

Der Hippokampus ist ein Seepferd, meistens im Mittelmeer zu finden. Der Vorderkörper ähnelt einem Pferd, allerdings hat es Kiemen und Schwimmhäute an den Hufen. Das Hinterteil ist das eines großen Fisches mit Schuppen und Fischschwanz.

In Ägypten lebt das Amemait am Nil. Diese gefährliche Hybride ist eine Mischung aus Krokodil, Flusspferd und Löwe.

Hybrid-Auto

Ein Hybrid-Auto ist ein Fahrzeug, das sowohl einen Benzin- als auch einen Elektromotor besitzt. Sehr praktisch, man kann die Vorteile beider Motoren nutzen!

Der Quetzal-Vogel

Dieser mittelamerikanische Vogel hat den gleichen Lebensraum wie der Quetzalcoatl. Man sagt, er profitiere von der Ähnlichkeit, da alle Raubtiere einen großen Bogen um diesen Vogel machten.
Der Quetzalcoatl war den Tolteken, den Azteken und auch den Mayas bekannt, wenn auch in unterschiedlicher Erscheinung.
So sahen die Tolteken ihn als eine große Klapperschlange, dessen Körper mit den Federn des Quetzalvogels bedeckt war.
Die Azteken kannten den Quetzcoatl als bärtigen Mann, den Gott des Windes, des Himmels und der Erde.
Die Mayas nannten ihn Kukulcan, seine Gestalt ist die einer gefiederten Schlange. Kukulcan ist der Gott der vier Elemente: Wasser, Erde, Luft und Feuer.

Der Greif

Ein Wesen aus Löwe und Adler

520 Jahre vor Christi Geburt wurde die Stadt Persepolis in Persien, im heutigen Iran gegründet. Dort gibt es viele Statuen und Ruinen, unter anderem auch Greife. Sie sind ein Siegessymbol des achämenidischen Königreiches.

Der Greif ist ein mythisches Mischwesen, eine Hybride aus Adler und Löwe. Der Vorderkörper ist der eines Adlers, auch die Vorderfüße tragen Adlerkrallen. Am Kopf befinden sich außerdem noch spitze Ohren. Der Rücken trägt riesige Flügel, mit denen der Greif sehr gut fliegen kann. Der Rumpf und auch die Hinterbeine sind die eines Löwen.

Greife bleiben ihrem Partner ein Leben lang treu. Stirbt der Partner, bleibt der Zurückgebliebene allein. Ein Greifenweibchen sucht sich zur Eiablage eine geschützte Höhle oder ein Nest, in dem es brüten kann. Drei Jahre lang bleiben die erst flaumigen Jungen bei der Mutter und werden von ihr versorgt.

Als Nahrung mögen sie am liebsten Pferde, die sie manchmal mitsamt ihrem Reiter vom Boden pflücken und durch die Luft tragen. Später werden sie zerfetzt und in großen Brocken verzehrt.

Diese sehr seltene Hybride soll Gold und Edelsteine lieben und wie eine Elster in ihren Nestern sammeln. Viele Menschen haben versucht, Greifen diese Schätze abzujagen, aber niemand überlebte. Andere sagen, Greife schützten ausschließlich ihre Jungen im Nest, die Schätze seien nur eine Nebensache und dem Greifen nicht so wichtig. Der Greif ist bekannt für seine Sorge um den Nachwuchs.

Ein italienisches Mosaik aus dem 5. Jahrundert

Der Hippogreif

Dieses Fabelwesen ist eine andere Art des Greifen. Statt eines Löwenrumpfes hat es einen Pferdekörper. Im Gegensatz zu dem sehr scheuen und unbezähmbaren Greifen lässt sich der Hippogreif mit viel Geduld reiten. Man vermutet, dass er eine Kreuzung aus Pferd und Greif ist, aber das ist sehr unwahrscheinlich, da Greife Pferde hassen und diese eher fressen als sich mit ihnen zu paaren.

Steckbrief

Name: Greif
Lebensraum: Gebirge
Lebensdauer: unsterblich
Größe: bis 2,40 m Schulterhöhe
Spannweite 5,50 m
Verbreitung: Indien, Nordrussland

Besonders im Mittelalter achtete und fürchtete man ihn. War ein Greifennest in der Nähe einer Stadt, so war diese sicher vor Angreifern und Räubern, denn der Greif kann mit seinen scharfen Augen meilenweit sehen und dann die Gegend beschützen. Greife sollen magische Fähigkeiten besitzen, so können sie in die Zukunft schauen und vieles voraussagen. Leider wurden die Greife gejagt, denn man erzählte sich, wenn man eine Greifenfeder auf ein erblindetes Auge legt, würde dieses wieder sehend. Tunke man die Kralle eines Greifen in ein Getränk oder ein Essen, so würde dieses die Farbe wechseln, wenn es vergiftet war.

Besonders Herrscher mochten den Greifen, der ihnen so viel Sicherheit bot. Der Greif steht für Stärke und Wachsamkeit und hat somit Platz auf so manchem Wappen!

Der Basilisk

Wenn Blicke töten können

Der Basilik ist eines der gefürchtetsten und tödlichsten Fabelwesen der Welt. Obwohl er nur so klein ist – der größte war nur 30 Zentimeter lang – endet ein Zusammentreffen mit ihm immer tödlich.

Mit dem Kopf eines Hahnes und dem Leib einer Schlange, so wird er beschrieben. Einige besondere Arten sollen sogar Vogelbeine oder Flügel haben. Er soll stolz aufgerichtet gehen und nicht wie eine Schlange kriechen.

Jeder Basilisk hat rot glühende Augen. Der Blick aus diesen Augen lässt Mensch und Tier versteinern und sterben. Sein Atem ist so giftig, dass er seine Umwelt versengen kann, er verwandelt Wälder in Wüsten, verpestet Flüsse und Bäche und kann Felsen spalten. Schon der kleinste Biss von ihm ist tödlich.

Der Basilisk schlüpft aus einem Hahnenei, das von einer Schlange oder Kröte ausgebrütet wurde. Er lebt gern versteckt in Brunnen und Kellern, aber auch in Gebüschen und Höhlen.

Doch wie tötet man diesen bösen Basilisken? Schon im Mittelalter wusste man sich zu helfen: Der tödliche Blick des üblen Schlangen-Hahns wirkt nicht nur bei Menschen, sondern auch beim Basilisken selber – hielt man ihm einen Spiegel vor, so starb er am Anblick seines eigenen Bildes.

Auch das Krähen eines Hahnes gilt als tödlich für ihn, und der Basilisk kommt unter Zuckungen um. Früher nahmen Reisende daher manchmal einen Hahn zum Schutz gegen diese kleinen Ungeheuer mit.

Versucht man einen Basilisken mit Waffen zu töten, zum Beispiel mit einem Speer, so gelingt dies auch. Aber das Gift des getöteten Basilisken strömt die Waffe hinauf und nimmt so auch seinem Gegner das Leben.

Basilisken wurden häufig in verschiedenen Städten Deutschlands gesichtet und bekämpft, zum Beispiel in Aachen, Memmingen, St. Johann, München, Trier und Bautzen. Auch in Wien (Österreich), Warschau (Polen) und Basel (Schweiz) berichtete man über sie.

Diese Skulptur eines Basilisken steht in Russland, nahe des Kreml in Moskau

Das Wiesel

Einen natürlichen Gegner hat auch der Basilisk. Ein ganz normales Wiesel ist unempfindlich gegen den Blick und das Gift. Doch der Basilisk kann den Geruch eines Wiesels nicht aushalten und stirbt.

Die Chimäre

Das bösartige Mischwesen

Eigentlich bedeutet der griechische Name „Chímaira“ ganz harmlos „Ziege“. Doch in der griechischen Mythologie ist die Chimäre ein Ungeheuer, eine Schwester der neunköpfigen Hydra, des Höllenhundes Kerberos und der geheimnisvollen Sphinx. Sie soll einen Ziegenkörper haben, doch den Kopf eines Löwen und den Schwanz einer Schlange besitzen. Andere beschreiben sie dreiköpfig, vorne den Kopf eines Löwen, im Schulterbereich ist ein

Chimären in der Naturwissenschaft

Als Chimäre bezeichnet man einen Organismus, der aus zwei unterschiedlichen Zellen gebildet ist und nur ein Individuum darstellt. Heute existieren Chimären in der Pflanzen- und Tierwelt, aber auch bei Menschen.
Wenn Du zum Beispiel einem jungen Obstbaum einen Zweig eines anderen Obstbaumes in eine angeschnittene Stelle steckst, kann daraus eine Chimäre entstehen: zwei unterschiedliche Obstbäume in nur einem Stamm.
Bei Tieren wurde schon einmal eine „Schiege“, eine Chimäre aus Schaf und Ziege, gezüchtet, die aus unterschiedlichen Zellen besteht. Hier gab es nicht nur zwei unterschiedliche Elternteile, sondern auch unterschiedliche Zellen. So kann ein Säugetier – also auch ein Mensch – unterschiedliche Blutgruppen haben. Ziemlich kompliziert, oder?
In der Natur kommt dieses Phänomen auch äußerst selten vor, meist ist es ein Ergebnis von Forschung und menschlichem Eingreifen.

Der Mensch wird zu einer Chimäre, wenn er eine Organspende bekommt. Nun besitzt er ein Organ aus einer fremden befruchteten Eizelle.
Heute wird auf diesem Gebiet viel geforscht. Man hofft, in der Zukunft menschliche Organe in Tieren züchten zu können, um diese dann Menschen in Not transplantieren zu können. Aber dieses Verfahren ist sehr umstritten und liegt auch noch weit in der Zukunft!

Ziegenkopf gewachsen und ihr Schwanz endet in einem Schlangen- oder Drachenkopf. Mit ihrem schwefelhaltigem Atem kann sie Menschen und Tiere in Brand stecken.

Erst später wurde der Begriff „Chimäre“ ausgeweitet und auf alle Mischwesen erweitert.

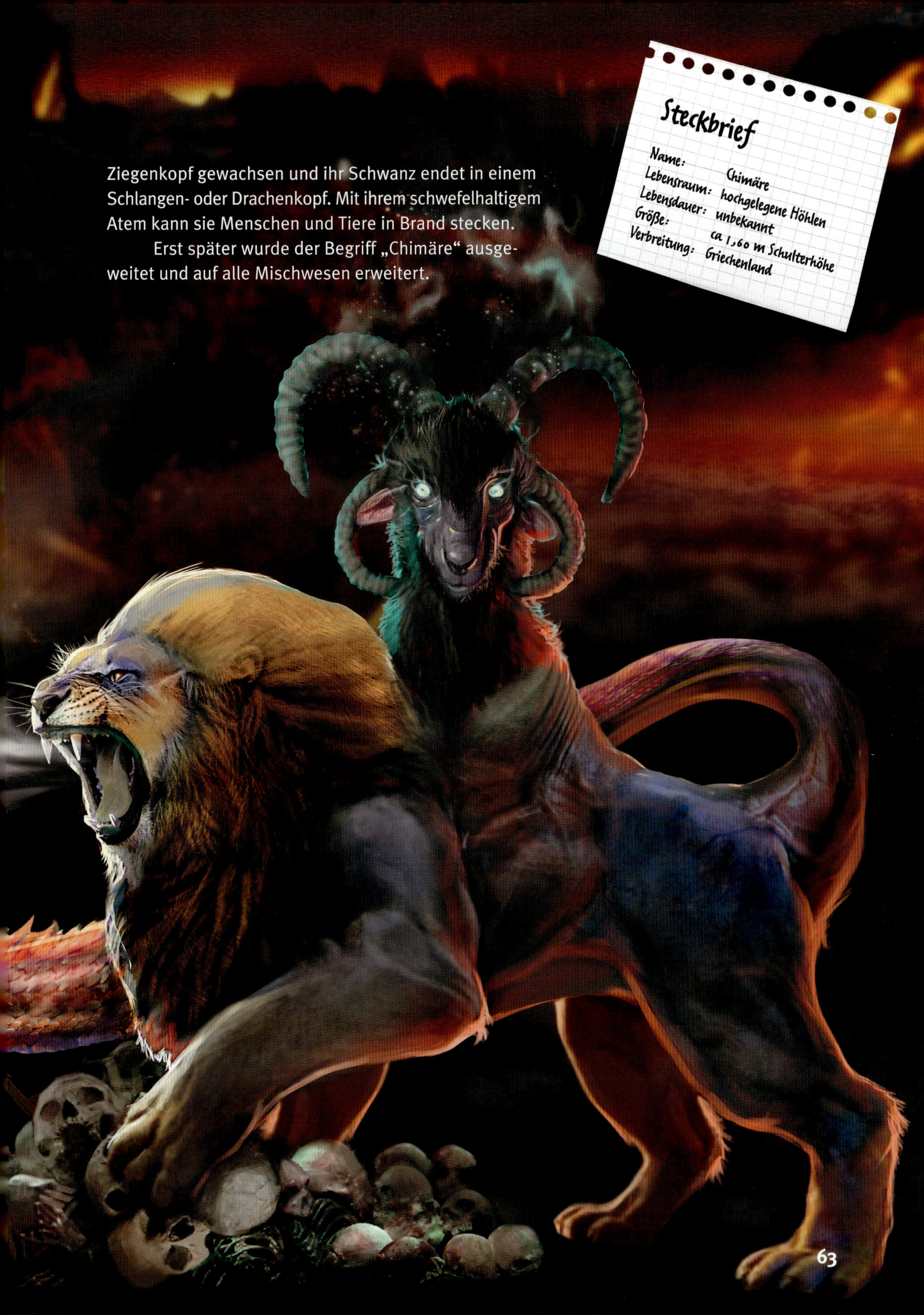

Lexikon der Fabelwesen

Hier sind einige der bekanntesten Fabelwesen aufgelistet. In Klammern stehen die Seitenzahlen, auf denen diese Wesen näher beschrieben oder erwähnt werden.

Menschenartige Fabelwesen

Bigfoot (14) – ein riesiger Affenmensch aus Gebirgen der USA und Kanadas
Dryade (10) – eine Nymphe, die in einem Baum lebt und auch mit ihm stirbt
Elfe (10) – kleiner, nordischer Naturgeist mit Flügeln, der die Natur beschützt, gutartig und sehr musikalisch ist

Fee (10) – geisterhaftes, weibliches Wesen mit magischen Kräften und der Gabe der Prophezeiung, meist gutartig
Gespenst – Geistwesen mit übernatürlichen Kräften
Gnom – kleinwüchsiges Wesen, lebt meist unter der Erde
Goblin – böser Plagegeist
Gremlin (11) – Koboldart mit Spaß am Schabernack, vor allem im maschinellen und technischen Bereich
Heinzelmännchen (10) – Kobold, der nachts heimlich die Hausarbeit verrichtet
Homunkulus – ein künstlich geschaffener Mensch
Klabautermann – Kobold, wohnt unsichtbar auf einem Schiff
Kobold (11) – unsichtbarer Hausgeist, der das Haus beschützt, aber auch gern Schabernack treibt
Menschenfresser (10) – auch: Wendigo, ein mythologisches Wesen, das sich von Menschenfleisch ernährt
Nymphe (10) – weiblicher Naturgeist, lebt in Einklang mit der Natur
Ork (11) – menschenähnliche Kreatur, sehr groß und stark, meist böse
Riese (11) – menschenähnlich, aber meist über 3 Meter groß, stark und dumm
Troll (11) – läuft immer krumm und bucklig, kann zwergen- bis riesenhaft sein, erstarrt bei Sonnenlicht zu Stein

Vampir – blutsaugender Untoter, unsterblich
Wichtel (10) – nicht größer als 20 Zentimeter, koboldähnlich, verbreitet gern Freude und Glück
Yeti (12) – tibetischer Schneemensch
Zwerg (10) – kleinwüchsiges Wesen mit einer handwerklichen Begabung, meist im Bergwerk
Zyklop – menschenähnliches Wesen mit nur einem Auge mittig auf der Stirn

Mischwesen

Gargoyle (70) – menschliche Gestalt mit Fledermausflügeln und Dämonenhaupt, tagsüber versteinert, nachts erwachen sie und beschützen Kirchen und Gebäude
Harpye (16) – geierartiger Vogelkörper mit hässlichem Frauenkopf, blutrünstig
Kynokepahlus (17) – menschlicher Körper mit Hundekopf, unfähig zu sprechen, treibt Handel mit Menschen
Meerjungfrau (16, 20) – Fischkörper, ab der Hüfte schöne Frauengestalt, mit bezauberndem Gesang, lebt im Meer
Minotaurus (17) – menschlicher Körper mit Stierkopf, Menschenfresser, lebt im Labyrinth
Nixe (16, 20) – Fischkörper, ab der Hüfte Frauengestalt, lebt in Seen und Flüssen, liebt geselliges Leben
Satyr (16) – Ziegenkörper, ab der Hüfte Männergestalt, mit Hörnern, genusssüchtig, dämonisch, liebt Wein, Weib und Gesang und lässt keine Gelegenheit zum Feiern aus
Sirene (16) – Vogelkörper mit Frauenkopf, verführt mit ihrem Gesang Seefahrer und treibt sie in den Tod
Sphinx (16, 18) – Löwenkörper mit menschlichem Kopf, Wächter, liebt Rätsel
Zentaur (16, 22) – Pferdekörper, ab der Hüfte menschlich, kampflustig

Tierähnliche Fabelwesen

Amemait (57) – Verbindung aus Flusspferd und Krokodil, mit dem Kopf des Löwen
Amphisbaena (38) – zweiköpfiger Drache
Basilisk (60) – Schlange mit Hahnenkopf, dessen Blick versteinern kann
Benu (31) – ägyptischer Göttervogel
Caladrius (28) – Vogel, der heilende Kräfte besitzt
Chimäre (53, 57, 62) – Wesen mit drei Köpfen
Crocotta (50) – gefräßiger Wolfshund
Donnervogel (34) – Thunderbird, Riesenvogel aus Nordamerika
Drache (36) – schlangenähnliches Mischwesen
Einhorn (4, 51, 54) – pferdeähnliches Wesen mit einem geraden, magischen Horn auf der Stirn
Fenrir (50) – riesiger Wolf
Greif (58) – löwenähnlicher Körper mit Raubvogelkopf
Hippogreif (58) – Hinterleib eines Pferdes, Kopf, Flügel und Krallen eines Adlers
Hippokampus (6, 56) – Fischkörper mit Vorderleib eines Pferdes, lebt im Wasser
Hydra (42) – Ungeheuer mit neun Köpfen, die schnell nachwachsen, wenn sie abgehauen werden
Karkadann (51) – wütendes persisches Einhorn

Kelpie – Wassergeist in Pferdegestalt, kann sich in Menschen verwandeln
Kerberos (51) – Höllenhund und Wächter der Totenwelt
Lindwurm (40) – Halbdrache, flugunfähig, goldgierig
Long (44) – chinesischer Glücksdrache
Mantikora (57) – Löwe mit Menschenkopf
Midgard (37, 46) – riesige Seeschlange
Nessi (37, 48) – Ungeheuer aus dem Loch Ness in Schottland

Pegasus (52) – fliegendes Pferd
Phönix (30) – Feuervogel, der sich am Ende seines Lebens selbst verbrennt und aus der Asche wieder aufsteigt
Quetzalcoatl (57) – geflügelte Schlange
Qilin (51) – chinesisches und persisches Einhorn
Roch, Rock (32) – arabischer Riesenvogel
Schwarzer Hund (51) – englischer Todesbote mit glühenden Augen
Seeungeheuer (37) – unterschiedliche unbekannte Wesen, die in den Tiefen der Seen leben

Extra: Erstelle Dein eigenes Forscherbuch!

Nun hast Du schon so viel über die unterschiedlichsten Tiere und Wesen gelesen und gesehen. Vielleicht hast Du auch manch eines dieser Wesen oder noch ganz andere unbekannte Fabelwesen selber gesehen? Oder Du hast Spuren von unbekannten Tieren entdeckt?

Hast Du Lust, wie die Kryptozoologen zu arbeiten? Wer weiß, was Du alles in Deiner näheren Umgebung entdecken kannst! Zur Vorbereitung brauchst Du nur Papier und Stift, einen Fotoapparat und ein Maßband. Nun geh einfach mit offenen Augen durch die Natur. Was siehst Du? Kannst du Tiere finden? Beobachten? Oder siehst Du Spuren auf der Erde?

Spurensuche

Wenn Du die Spuren gar nicht zuordnen kannst, lege einfach ein Maßband neben diesen Abdruck und fotografiere ihn. Zu Hause kannst Du dann nachforschen, ob Du den Verursacher ermitteln kannst. Überlege selber: Was kann das für ein Tier gewesen sein? Wie groß war es wohl? Welcher bekannten Spur sieht der Abdruck ähnlich? Klebe das Foto einfach auf einen Zettel und schreibe daneben, wann und wo genau Du diese Spur gefunden hast. Im Wald oder auf einer Wiese? An einem See oder Fluss? Waren Häuser in der Nähe? Welche Jahreszeit herrschte gerade? Neben diesen Informationen schreibe Deine Ideen dazu. Vielleicht hast ja auch eine Idee, wie dieses Tier aussehen könnte? Dann zeichne es einfach auf diesen Zettel! Keine Angst, muss nicht perfekt aussehen!

Hast Du vielleicht noch andere Dinge gefunden, kleine Fellbüschel oder Haare an Sträuchern, Baumrinden oder auf der Erde? Sammle sie ein und hefte sie an einen Zettel! Auch dazu schreibe und zeichne Deine Informationen und Idee.

Beobachten

Hast Du ein unbekanntes Tier gesehen? Wie weit war es weg? Konntest Du es fotografieren? Oder hast Du es nur plötzlich wie einen Schatten weghuschen sehen? Überlege, was es gewesen sein könnte, und schreibe auch das auf Deinen Zettel. Zeichne dazu!

Traumwesen

Wenn Du von unbekannten Tierwesen träumst, kannst Du auch diese zeichnen und Informationen einfügen. Wie sahen sie aus? Kamen sie schon öfter in Deinen Träumen vor? War das Wesen gut oder böse? Vielleicht ist es bei näherer Betrachtung ja gar kein Fantasiewesen, sondern ähnelt stark einem bekannten Tier!

Forscherbuch

Mit der Zeit wirst Du bestimmt einen dicken Ordner voller Zeichnungen und Informationen bekommen. Konntest Du jeden Zettel einem Tier zuordnen? Oder gibt es vielleicht immer noch ganz unbekannte, mysteriöse Spuren? Bleibe dabei, forsche weiter!

Großes Fabelwesen-Quiz

Jetzt weißt Du besser über Fabelwesen Bescheid als die meisten Erwachsenen! Hast Du Lust, Dein Wissen zu testen? Dann leg los und kreuze mit einem Bleistift die Antwort an, die Du für richtig hältst. Manchmal stimmen auch mehrere oder alle Antworten. Die Lösungen findest Du auf Seite 72. Viel Spaß dabei!

1. Was ist die „Naturalis historia"?

a) Ein Kinderbuch über Tiere .... ❍
b) Ein Bilderbuch .... ❍
c) Die erste naturwissenschaftliche Enzyklopädie .... ❍

2. Wer beschäftigt sich mit der Suche nach mysteriösen Tieren?

a) Zoologen .... ❍
b) Kryptozoologen .... ❍
c) Paläontologen .... ❍

3. Welche Teile unserer Erde sind erst wenig erforscht?

a) Europa .... ❍
b) die Weltmeere .... ❍
c) Antarktis .... ❍

4. Kobolde, Riesen und Elfen sind ...

a) menschenähnliche Fabelwesen .... ❍
b) tierähnliche Fabelwesen .... ❍
c) Fernsehstars .... ❍

5. Wo lebt Bigfoot?

a) In New York .... ❍
b) In Asien .... ❍
c) In den Wäldern von Nordamerika .... ❍

6. Die Sphinx von Gizeh ...

a) ... wurde schon oft von Sand bedeckt .... ❍
b) ... wurde lange vor Christus gebaut ..... ❍
c) ... ist über 20 m hoch .... ❍

7. Wie sehen Nixen aus?

a) Sie haben Krötenbeine .... ❍
b) Sie haben statt Haare Algen auf dem Kopf .... ❍
c) Sie sind wunderschön und können gut singen .... ❍

Gargoyle sind eigentlich Wasserspeier, doch nachts können sie sich aus ihrer steinernen Gestalt befreien und werden lebendig. Sie sind gutartige Drachenwesen mit dem Kopf eines Dämonen, sie beschützen Gebäude und Menschen.

8. Wie pflanzt sich der Phönix fort?

a) Er verbrennt und ersteht aus der Asche neu ❍
b) Ganz normal wie alle Vögel: Er legt Eier ❍
c) Er taucht unter Wasser und laicht dort ❍

9. Welche Kräfte besitzt der Caladrius?

a) Er kann wunderschön singen ❍
b) Er kann heilen ❍
c) Er sieht einfach nur schön aus ❍

10. Wie kommt der Donnervogel zu seinem Namen?

a) Er wurde während eines Gewitters geboren ❍
b) Seine Rufe hören sich wie Donnergrollen an ❍
c) Wenn er seine riesigen Flügel schwingt, entsteht Donner ❍

11. Welche Aufgabe hatten Drachen, als sie noch mit Menschen zusammen lebten?

a) Sie passten auf die Menschenkinder auf ❍
b) Sie hüteten Schätze ❍
c) Sie sorgten dafür, dass das Feuer nicht ausgeht ❍

12. Wie bewegt sich die Amphisbaena fort?

a) Sie beißt sich in den Schwanz und kann so in jede Richtung rollen ❍
b) Sie nimmt ihre Beine in die Hand ❍
c) Sie schwimmt ❍

13. Wie heißt die berühmte deutsche Sage, in der ein Lindwurm vorkommt?

a) das Karnevalslied ❍
b) das Nibelungenlied ❍
c) das Lied vom Apfel und dem Wurm ❍

14. Wie viele Köpfe hat die Hydra?

a) acht und zusätzlich einen goldenen ❍
b) fünf und zusätzlich einen silbernen ❍
c) zehn und zusätzlich einen blauen ❍

15. Wo lebt der Schwarze Hund?

a) In Deutschland im Moor ❍
b) In England auf Friedhöfen ❍
c) In Afrika in der Sonne ❍

16. Der Pegasus ist ...

a) ... ein geflügeltes Pferd ❍
b) ... ein Pferd mit silberner Mähne ❍
c) ... ein Löwe mit Adlerflügeln ❍

17. Was ist das Besondere am Horn eines Einhorns?

a) Es leuchtet im Dunkeln ❍
b) Es hat einen Stern an der Spitze ❍
c) Es ist gedreht, hat magische Kräfte ❍

18. Was sind Hybriden?

a) Mischwesen aus verschiedenen Arten, Rassen und so weiter ❍
b) Wasserentnahmestelle für die Feuerwehr ❍
c) eine seltene, mysteriöse Insektenart ❍

19. Wie sieht ein Greif aus?

a) Mischwesen aus Giraffe und Adler ❍
b) Mischwesen aus Löwe und Adler ❍
c) Mischwesen aus Reiher und Pferd ❍

20. Wovor fürchtet sich der Basilik?

a) Vor Musik ❍
b) Vor Wieseln ❍
c) Vor Spinnen ❍

Lösungen zum Fabelwesen-Quiz:

1) c: Die „Naturalis historia“ wurde schon kurz nach Christi Geburt von Plinius dem Älteren als erste Enzykopädie herausgegeben.
2) b: Kryptozoologen beschäftigen sich mit der Suche nach mysteriösen Tieren.
3) b+c: Weite Teile der Antarktis und auch die Tiefen der Meere sind noch nicht komplett erforscht.
4) a: Kobolde, Riesen und Elfen sind menschenähnliche Fabelwesen.
5) c: Der Affenmensch Bigfoot lebt in den Wäldern von Nordamerika.
6) a+b+c: Obwohl die lange vor Christus entstandene Statue über 20 m hoch ist, wurde sie schon oft vom Wüstensand zugeweht.
7) c: Nixen sind wunderschöne Wasserfrauen, die mit ihrem Gesang Seeleute anlocken.
8) a: Der Phönix verbrennt am Ende seines Lebens und ersteht aus seiner eigenen Asche neu.
9) b: Der Caladrius kann Menschen heilen, indem er die Krankheit mit seinem Gefieder ansaugt und von der Sonne verbrennen lässt.
10) c: Wenn der Donnervogel sich mit seinen Flügeln in die Luft schwingt, entstehen Stürme und Gewitter, Donner krachen, Blitze zucken.
11) b: Drachen lieben Schätze und wertvolle Dinge, sie hüten sie, als wären es ihre eigenen.
12) a: Die Amphisbaena hat zwei Köpfe. Wenn sie sich selbst in den Schwanz beißt, kann sie unglaublich schnell in jede Richtung rollen.
13) b: Das Nibelungenlied handelt unter anderem von Siegfried, der einen Lindwurm tötet und in seinem Blut badet.
14) a: Die Hydra hat neun Köpfe, von denen einer golden und unsterblich ist.
15) b: Der Schwarze Hund lebt auf Friedhöfen in England und gilt als Todesbote.
16) a: Der Pegasus ist ein weißes Pferd mit goldenen Flügeln.
17) c: Das ungefähr 40 cm lange Horn ist gerade, aber in sich gedreht und sitzt auf der Stirn des Einhorns. Es soll Tote lebendig machen können.
18) a: Mischlinge aus unterschiedlichen Arten, Rassen und so weiter nennt man Hybriden. Sie können sowohl in der Natur wie auch in der Zucht entstehen.
19) b: Der Greif hat den Körper eines Löwen und den Kopf, Flügel und Vorderbeine eines Adlers.
20) b: Basilisken reagieren ganz empfindlich auf Wiesel, deren Gestank sie nicht aushalten. An dem Geruch können sie sogar sterben.

In Ägypten gibt es eine Allee von menschlichen Sphinxen. Sie ist mehr als 3 km lang und verband die Tempel von Karnak und Luxor.

Entdecke die Reihe mit der Eule!

Entdecke
die Eulen

Entdecke
die Greifvögel

Entdecke
die Rabenvögel

Entdecke
die Spechte

Entdecke
die Finken

Entdecke
die Spatzen

Entdecke
die Eisvögel

Entdecke
die Zugvögel

Entdecke
die Singvögel

Entdecke
die Meisen

Entdecke
die Kraniche

Entdecke
die Störche

Entdecke
die Möwen

Entdecke
die Pinguine

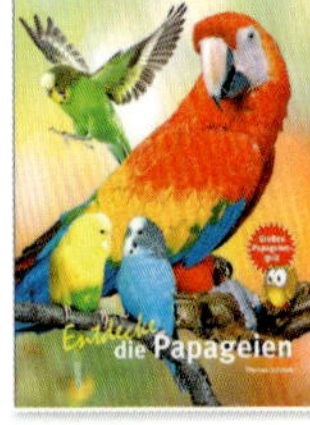

Entdecke
die Papageien

Entdecke
die Kolibris

Entdecke
die Fledermäuse

Entdecke
die Hunde

Entdecke
die Kühe

Entdecke
die Pferde

Entdecke
die Esel

Entdecke
die Nagetiere

Entdecke
die Igel

Entdecke
die Waschbären

Entdecke
die Biber

Entdecke
die Otter

Entdecke
die Wölfe

Entdecke
die Tiger

Entdecke
die Bären

Entdecke
die Pandas

Entdecke
die Menschenaffen

Entdecke
die Elefanten

Entdecke
die Nashörner

Entdecke
die Erdmännchen

Entdecke
Affen und Lemuren

Entdecke
die Beuteltiere

Natur und Tier - Verlag GmbH
An der Kleimannbrücke 39/41 · 48157 Münster
Telefon: 0251 - 13339-0 · Fax: 0251 - 13339-33
E-Mail: verlag@ms-verlag.de · www.ms-verlag.de